Schriften zur Governance-Forschung

herausgegeben von
Prof. Dr. Ursula Lehmkuhl
Prof. Dr. Thomas Risse
Prof. Dr. Gunnar Folke Schuppert

Band 20

Gunnar Folke Schuppert | Wolfgang Merkel |
Georg Nolte | Michael Zürn (Hrsg.)

Der Rechtsstaat unter Bewährungsdruck

Nomos

Die Deutsche Nationalbibliothek verzeichnet diese Publikation in der Deutschen Nationalbibliografie; detaillierte bibliografische Daten sind im Internet über http://dnb.d-nb.de abrufbar.

ISBN 978-3-8329-5211-2

1. Auflage 2010

Vorwort

Das am Wissenschaftszentrum Berlin für Sozialforschung gegründete Rule of Law Center erforscht Funktion und Bedeutung rechtsstaatlicher Standards, rechtsstaatlicher Normen, rechtsstaatlicher Verfahren und rechtsstaatlicher Kontrollen im gegenwärtigen Wandel von Organisations- und Handlungsformen auf globaler, regionaler, staatlicher und substaatlicher Ebene. Ohne Klarheit über den Zustand des deutschen Rechtsstaats kann das nicht gelingen. Das Rule of Law Center hat deswegen im Frühjahr 2008 unter dem Generalthema »Der Rechtsstaat unter Bewährungsdruck« eine Vorlesungsreihe veranstaltet, die durch die Beiträge dieses Bandes dokumentiert wird. Der rege Zuspruch, den die öffentlichen Vorträge gefunden haben, gab den Anstoß zur Veröffentlichung.

F. S.

Inhaltsverzeichnis

Doppelmoral im Rechtsstaat?

*Otto Depenheuer**

I. *Rechtliches Verbot und moralische Erwartung des Rechtsverstoßes*

In seinem Urteil zum Luftsicherheitsgesetz hat das Bundesverfassungsgericht[1] den Abschuß einer zur Angriffswaffe umfunktionierten Passagiermaschine wegen Verstoßes gegen das Recht auf Leben in Verbindung mit der Menschenwürdegarantie derjenigen, die als tatunbeteiligte Menschen an Bord des Luftfahrzeugs betroffen wären, für verfassungswidrig erklärt: »Unter der Geltung des Art. 1 Abs. 1 GG [sc. ist es] schlechterdings unvorstellbar, auf der Grundlage einer gesetzlichen Ermächtigung unschuldige Menschen, die sich in einer für sie hoffnungslosen Lage befinden, vorsätzlich zu töten«.[2] Damit hat das Bundesverfassungsgericht die rechtliche Möglichkeit des Rechtsstaats, sich gegen Terrorangriffe angemessen zu verteidigen, massiv beschränkt. Denn in diesem Judikat liegt – zum Nennwert genommen – eine vorsorgliche Kapitulation gegenüber terroristischen Angriffen, die einer Einladung an Terroristen gleichkommt, ihre Terrortaten künftig in Deutschland mittels unschuldiger Geiseln zu planen und umzusetzen. Ist deutscher Luftraum erst einmal erreicht, so sind dem Staat militärisch die Hände gebunden. Selbst naive Zivilisten wissen: gutes Zureden hilft bei Terroristen nichts, Drohungen nur, wenn sie glaubhaft mit Abschußkonsequenzen verbunden sind; da aber ein Abschuß als menschenwürdewidrig verfassungsgerichtlich verboten ist, bleibt nur das ohnmächtige Zuschauen. Die potentiellen Opfer im anvisierten Zielobjekt werden diese Form staatlicher Wahrnehmung einer grundrechtlichen Schutzpflicht kaum zu schätzen wissen. Und auch bei den Passagieren des nicht abgeschossenen Flugzeugs wird kaum nachhaltige Freude über die Achtung ihrer unantastbaren Menschenwürde aufkommen können. Fatales Ergebnis: der »Staat der Menschenwürde« gibt sich auf in der Konfrontation mit seiner gewaltsamen Negation – und das im Namen der Menschenwürde.[3]

Viele Politiker, Publizisten und Fachgelehrte sind von dem Urteil begeistert. Sie sehen darin einen Sieg der Rechtsstaatsidee: der Rechtsstaat unterscheide sich nämlich von seinen Gegnern dadurch, daß er sich nicht rücksichtslos ihrer terroristischen Methoden bediene. Gerade aus seinen rechtsstaatlichen Begrenzungen beziehe er die Kraft in der Auseinandersetzung mit seinen Gegnern.[4] Oder kürzer und prägnanter:

* Direktor des Seminars für Staatsphilosophie und Rechtspolitik an der Universität zu Köln.

1 BVerfGE 115, 118 ff.
2 BVerfGE 115, 118 (157).
3 Kritik: *Otto Depenheuer*, Selbstbehauptung des Rechtsstaates, 2. Aufl. 2008, S. 16 ff.; *Christof Gramm*, Der wehrlose Verfassungsstaat?, DVBl 2006, S. 653 ff.
4 Dem Urteil zustimmend: *Karsten Baumann*, Das Grundrecht auf Leben unter Quantifizierungsvorbehalt, DöV, 2004, 855 ff.; *Wolfram Höfling/Steffen Augsberg*, Luftsicherheit, Grundrechtsregime und Ausnahmezustand, JZ 2005, S. 1080 ff.; *Jens Kersten*, Die Tötung von Unbeteiligten, NVwZ 2005, 661 ff.

»Aus rechtsstaatlicher Schwäche erwachse moralische Stärke«.[5] Rechtsstaat, Demokratie und Freiheit bewähren sich dieser Logik folgend dadurch, daß sie auch in der Stunde der Gefährdung einer effektiven Selbstbehauptung aus Gründen rechtsstaatlicher Selbstachtung entsagen. Die Verfechter dieser eigenartigen Idee sind sich der Konsequenzen durchaus bewußt. Sie »glauben« daran und »hoffen« darauf, »daß unsere Gesellschaft auch innerhalb des demokratischen Werteverständnisses erhalten werden kann.«[6] Nun mag der Glaube Berge versetzen, aber er ist kaum geeignet, die offene Gesellschaft gegen terroristische Angriffe einer geschlossenen Gesellschaft effektiv zu verteidigen. Das wissen – oder ahnen wenigstens – auch die Protagonisten einer Absage an effektive Selbstbehauptung. Aufrechten Hauptes und mit gutem Gewissen werden Rechtsstaat und Demokratie, Menschenwürde und Freiheit im Konfliktfall geopfert: »Äußerstenfalls wird durch die Beachtung dieser Grenzen [sc. des Rechtsstaates] der Fortbestand des Staates in Frage gestellt und die Zerstörung der freiheitlich-demokratischen Grundordnung in Kauf genommen, obwohl noch wirkungsvolle Notbehelfe der Gefahrenabwehr bereitstehen. Doch auch in dieser Situation darf das Recht der Macht nicht weichen.«[7] Oder banal-pathetisch: »Der Staat opfert lieber sich selbst als seine Bürger«.

Ganz wohl scheint aber weder dem Bundesverfassungsgericht noch den aufrechten Verfassungspatrioten in Ansehung dieser wenig erfreulichen und kaum nachhaltigen Konsequenzen des Urteils zu sein. So räsoniert denn auch das Gericht – mit dem Zaunpfahl winkend – darüber, daß es nicht zu entscheiden habe, »wie ein gleichwohl vorgenommener Abschuß und eine auf ihn bezogene Anordnung strafrechtlich zu beurteilen wären«.[8] Ganz in diesem Sinne hat denn auch der Berichterstatter der Entscheidung zum Luftsicherheitsgesetz einer – zwischenzeitlich dementierten – Zeitungsmeldung zufolge eine »Lösung« der besonderen Art für den tragischen Entscheidungskonflikt insinuiert: er hoffe darauf, daß es im Letzten ein verantwortlicher Amtsträger auf sich nehmen werde, das Notwendige zu vollziehen und als Person die Last eines Rechtsverstoßes auf sich zu laden.[9] Das sachlich Gebotene und politisch Notwendige soll also moralisch gerechtfertigt sein können, zugleich aber als Verstoß gegen die Menschenwürde verfassungsrechtlich als »schlechthin unvorstellbar« verboten sein. Das Gericht verbietet die gebotene Handlung der Selbstbehauptung um seiner rechtsstaatlichen Unschuld willen, hofft aber gleichzeitig auf den rechtswidrig handelnden Amtsträger, der seine persönliche Verantwor-

5 Vgl. etwa *Matthias Jahn*, Das Strafrecht des Staatsnotstandes, 2004, S. 203; abw. Meinung BVerfGE 30, 1 (46): »Es ist ein Widerspruch in sich selbst, wenn man zum Schutz der Verfassung unveräußerliche Grundsätze der Verfassung preisgibt«; BVerfG (1. Kammer des Ersten Senats), NJW 2001, S. 2076 (2077): »Daran, dass er auch den Umgang mit seinen Gegnern den allgemein geltenden Grundsätzen unterwirft, zeigt sich gerade die Kraft dieses Rechtsstaats.« – Ob sich an der daraus erwachsenden »moralischen Autorität« des Rechtsstaats tatsächlich »letztlich alle physische Gewalt« des Terrorismus bricht (so *Josef Isensee*, Der Terror und der Staat, dem das Leben lieb ist, in: ders. (Hrsg.), Der Terror, der Staat und das Recht, 2004, S. 108), erscheint jedoch eher als eschatologische Hoffnung denn realpolitisch Voraussage.

6 *Juli Zeh*, in: Die Zeit v. 27. 03. 08, S. 56.

7 *Matthias Jahn,* Das Strafrecht des Staatsnotstandes (o. Fn. 5), S. 204

8 BVerfGE 115, 118 (157).

9 Vgl. FAZ v. 5. 1. 2007, S. 34. Dementi: *Dieter Hömig*, Die Menschenwürdegarantie des Grundgesetzes in der Rechtsprechung des Bundesverfassungsgerichts, EuGRZ 2007, S. 633 Fn. 4.

tung für die Rechtmäßigkeit seiner Handlungen mißachten und das politisch Notwendige exekutieren soll.[10]
Läßt sich eine solche »Arbeitsteilung« begründen oder liegt hier ein Fall von Verfassungsheuchelei[11] und moralisch verwerflicher Doppelmoral im Rechtsstaat vor? Ist eine derartige verfassungsgerichtliche Privatisierungsstrategie im Grenzfall staatlicher Selbstbehauptung »zivilisatorisch hilfreich« oder muß nicht das positive Recht selbst eine Antwort auf die Frage nach der Selbstbehauptung einer freiheitlichen Demokratie gegen ihre Feinde geben? Konkret: Darf sich die Verfassung der Frage nach den faktischen Bedingungen ihrer Geltung autistisch verschließen und auf die rettende Tat des Einzelnen hoffen?

II. *Privileg und Last demokratischer Selbstbestimmung*

Demokratie als kollektive Selbstbestimmung des Volkes ist zugleich Segen wie Last. Tragische Entscheidungen mit kollektiver Verbindlichkeit in existentiellen Fragen zu treffen und zu verantworten, ist schwierig: immer mehr Grenzfragen – Energieversorgung, Biotechnologie, Terrorabwehr – müssen entschieden werden und immer schwieriger wird die parlamentarische Mehrheitsbildung. Aber eine Flucht aus der demokratischen Verantwortlichkeit kann es nicht geben, solange wir eine Demokratie sind und es bleiben wollen. Daher steht der demokratische Normsetzer in der nicht abzuweisenden Pflicht zur Entscheidung, die demokratisch angenommen und verantwortet werden muß. Vor diesem Hintergrund sind die zahlreich zu beobachtenden Strategien der Entscheidungsvermeidung zwar ebenso symptomatisch für die geistige Situation der Zeit wie fatal für die Selbstachtung der freiheitlich-demokratischen Ordnung. Doch die demokratisch legitimierten Staatsorgane haben eine Pflicht zur Entscheidung auch und gerade in der heiklen Frage der Selbstbehauptung im Zeitalter der terroristischen Bedrohung. Alles andere wäre feige, verantwortungslos und ein Verrat an der Idee demokratischer Selbstbestimmung. Vor diesem Hintergrund ist dem Rot-Grünen Gesetzgeber des Luftsicherheitsgesetzes Respekt zu zollen dafür, die Verantwortung für die aufgeworfene Frage überhaupt angenommen und positiv beantwortet zu haben. Damit haben Bundesregierung und Parlament die Last der demokratischen Verantwortung für die Lösung einer tragischen Entscheidungslage übernommen. Das verdient Respekt und Anerkennung.
Weitaus beliebter als riskante Entscheidungen zu treffen und demokratisch zu verantworten ist es freilich, ihnen elegant auszuweichen, sie geschickt zu kaschieren oder sie entlastend an »Dirty Harry« zu delegieren. Unter den zahlreichen Entscheidungs-

10 In ähnlicher Weise eine Arbeitsteilung befürwortend: *Ralf Poscher*, Die verdeckte Rationalität eines absoluten Rechtsverbots der Folter, in: Beestermöller/Brunkhorst (Hrsg.), Rückkehr der Folter, 2006, S. 75 ff.; wohl auch *Jürgen Kaube*, Die Freunde der offenen Doppelmoral, in: FAZ v. 7. März 2008, S. 37: »zivilisatorisch hilfreicher«.
11 *Christian Hillgruber*, Verfassungsrecht zwischen normativem Anspruch und politischer Wirklichkeit, VVDStRL 67 (2008), S. 7 (40).

vermeidungsstrategien ragt diese Form der Privatisierung staatlicher Selbstbehauptung heraus: im gegebenen Fall statuiert das Bundesverfassungsgericht ein durch die Unantastbarkeit der Menschenwürde absolut bewehrtes Handlungsverbot in der klammheimlichen Erwartung, ein Privater nehme die Last des Rechtsverstoßes auf sich und vollziehe das Notwendige und Unvermeidliche.

III. *Privatisierung staatlicher Selbstbehauptung als unmoralische Doppelmoral*

Das positive Recht ist auf Widerspruchsfreiheit verwiesen:[12] die duale Codierung des Rechts erlaubt es nicht, ein und dieselbe Handlung zugleich als rechtmäßig und rechtswidrig zu qualifizieren. Widersprüche sind in einer komplexen Rechtsordnung mit ausdifferenzierter Gerichtsbarkeit allerdings kaum zu vermeiden. An ihnen reibt sich das Rechtsgefühl und entzündet sich das wissenschaftliche Interesse, ihre Aufhebung markiert die vorderste Front des wissenschaftlichen und gerichtpraktischen Fortschritts. Mit noch mehr Rationalität antwortet die juristische Zunft, um den Aporien der Rechtsordnung rational Herr zu werden, bis die letzte Aporie verschwunden ist.[13] Daher verpflichtet die Rechtsordnung zu rechtmäßigem Handeln, verbietet und sanktioniert rechtswidriges.

So hat die Rechtsordnung denn auch – gerade in dem hier interessierenden Sachbereich – umfassend Vorsorge getroffen gegen eine moralisch motivierte Mißachtung von Gesetz und Verfassung sowie der verbindlichen Interpretation durch das Bundesverfassungsgericht. Einen dem Verbot des Gerichts widersprechender, aber angekündigter Abschußbefehl des Verteidigungsministers dürfte kein Soldat gem. § 13 SoldG befolgen.[14] Im Ergebnis ist allen Amtsträgern ein Abschuß in ihrer amtlichen Funktion rechtlich versagt. Als Private aber verfügen sie nicht über die Mittel, Passagiermaschinen abzuschießen. Und auch der Verteidigungsminister könnte als Privatmann

12 BVerfGE 98, 83 ff.; 98, 106 ff.; *Helge Sodan*, Das Prinzip der Widerspruchsfreiheit der Rechtsordnung, JZ 1999, S. 864 ff.; *Dagmar Felix*, Die Einheit der Rechtsordnung, 1998, S. 77 ff., 142 ff., 239 ff.

13 *Otto Depenheuer*, »Der Staat ist um des Menschen willen da«. Kölner Humor als Quelle staatsphilosophischer Erkenntnis, 2001, S. 12: »Das ist der Stimulans des wissenschaftlichen Fortschritts, aber auch ein gefährlicher Weg. Denn die Vernunft ist aus sich heraus unvermögend, sich auf diesem Weg Grenzen zu setzen. Je mehr Herrschaft die reine Vernunft an sich zieht, desto weniger Platz läßt sie dem Leben. Die Gebote der Widerspruchsfreiheit, der Konsequenz und der Logik sind unerbittlich, lassen dem »krummen Holz«, aus dem der Mensch bekanntlich geschnitzt ist, nur die Alternative, sich der Vernunft zu beugen, das Bett des Prokrustes als kuschelige Schlafstatt sich einzubilden, den Terror der Vernunft als Lust zu empfinden – oder unterzugehen.«

14 § 13 SoldG lautet: »(1) Der Soldat muss seinen Vorgesetzten gehorchen. Er hat ihre Befehle nach besten Kräften vollständig, gewissenhaft und unverzüglich auszuführen. Ungehorsam liegt nicht vor, wenn ein Befehl nicht befolgt wird, der die Menschenwürde verletzt oder der nicht zu dienstlichen Zwecken erteilt worden ist; die irrige Annahme, es handele sich um einen solchen Befehl, befreit den Soldaten nur dann von der Verantwortung, wenn er den Irrtum nicht vermeiden konnte und ihm nach den ihm bekannten Umständen nicht zuzumuten war, sich mit Rechtsbehelfen gegen den Befehl zu wehren.

(2) Ein Befehl darf nicht befolgt werden, wenn dadurch eine Straftat begangen würde. Befolgt der Untergebene den Befehl trotzdem, so trifft ihn eine Schuld nur, wenn er erkennt oder wenn es nach den ihm bekannten Umständen offensichtlich ist, dass dadurch eine Straftat begangen wird.«

einen Abschuß nicht anordnen, weil kein Soldat auf den Befehl eines Privaten hört. Und schließlich könnte sich der Minister auch auf einen übergesetzlichen Notstand nicht berufen: das Gericht hat ja exakt diesen singulären Notstandsfall entschieden; einen Notstand über dem Notstand – den Supernotstand – gibt es aber positiv-rechtlich nicht. Damit ist klar: der Abschuß einer Passagiermaschine kann nach Ansicht des Bundesverfassungsgerichts nicht als rechtmäßiger gedacht werden. Wie aber ist es unter dieser Voraussetzung zu verstehen, wenn das Gericht über eine mögliche Strafbarkeit eines rechtswidrig den Befehl erteilenden Amtsträgers überhaupt räsoniert und der Berichtserstatter auf den rettenden Abschuß einer verantwortlichen Amtsträgers hofft? Liegt darin eine rechtsstaatsunwürdige Doppelmoral?

Doppelmoral liegt vor bei Unvereinbarkeit von moralischem Bekenntnis und tatsächlichem Tun: man eifert gegen Freudenhäuser, die man selbst besucht; man wirft anderen das Schweigen über ihre Nazi-Vergangenheit vor, und übergeht schweigend die eigene. Abstrakter formuliert: Doppelmoral liegt vor bei jeder Handlung, die einer ausdrücklich als verwerflich qualifizierten Maxime widerspricht oder Nutzen zieht aus einer als verwerflich qualifizierten Handlung.[15] Denn wer Nutzen aus dem Unrecht anderer zieht, erweckt damit notwendig den Eindruck der Billigung. Daher muß ein bestehender Einfluß, verbotenes Handeln zu verhindern, genutzt werden, andernfalls augenzwinkernde Zustimmung signalisiert würde. Der Eindruck vorgängiger oder nachträglicher Billigung ergibt sich, wenn diese Maßnahmen zwar ausdrücklich abgelehnt werden, zugleich aber zu erkennen gegeben wird, auf ein gegenteiliges Handeln zu hoffen und daraus Nutzen ziehen zu wollen. Fazit: Wer ein in seiner Bewertung umstrittenes oder gar eindeutiges Verhalten ausdrücklich ablehnt, muß unmißverständlich deutlich machen, daß er unter keinen Umständen Nutzen aus einem gegenläufigen Verhalten Dritter ziehen will. Er muß vielmehr seine Entscheidung öffentlich legitimieren und für die Konsequenzen verantwortlich einstehen.

Nach diesen Grundsätzen durften das Gericht und seine Richter, von der Richtigkeit des einstimmig ergangenen Urteils überzeugt, auch nicht andeutungsweise darüber räsonieren, daß ein Amtsträger dieses Urteil auch aus moralischen Gründen mißachten könne, solle, dürfe oder müsse und welche Konsequenzen dies strafrechtlich haben könnte. Erst recht war die öffentliche Äußerung des Berichterstatters, er hoffe ungeachtet des rigorosen Abschußverbots auf den gegenläufig handelnden Amtswalter, skandalös und ein exemplarischer Fall von Doppelmoral. Schließlich kann man ein mit der unantastbaren Menschenwürde begründetes Abschußverbot auch nicht derart begründen, nur so könne normativ (!) sichergestellt werden, daß ein gleichwohl erfolgter Abschuß nur in extremen Ausnahmesituationen erfolge.[16] Denn gerade in

15 Vgl. dazu und zum Folgenden: *Werner Wolbert*, Zum Vorwurf der Doppelmoral in der Diskussion um embryonale Stammzellforschung, Deutsche Medizinische Wochenschrift 2003, S. 453 ff.

16 So etwa *Ralf Poscher*, Die verdeckte Rationalität (o. Fn. 10), S. 86: »Vor dieser Gefahr [sc. Der Aufweichung des Menschenwürdeschutzes] schützt nur ein absolutes rechtliches Verbot. Indem es auch dem, der zur Rettung der Welt gegen das Tabu verstößt, ein Opfer abverlangt, stellt es – soweit das Recht dies vermag – sicher, dass »tragic choices« nur dort angenommen werden, wo tatsächlich die Bedingungen vorliegen, in denen Ausnahmen vom Menschenwürdeschutz diskutiert werden. In diesen Fällen setzt die rechtliche Tabuisierung der Menschenwürde auf die ethisch verantwortete Entschei-

diesem Fall instrumentalisierte das Recht den – erhofften – Rechtsbruch für sich, der damit quasi zum unausgesprochenen, aber im Hintergrund mitgedachten Normprogramm mutierte. Der Staat darf also in dem Umfang, in dem das eigentlich erwünschte Verhalten verboten und sanktioniert wird, moralisch nicht klammheimlich genau dies erwarten und das auch noch zum Ausdruck bringen. Das zwischenzeitlich erfolgte Dementi des Berichterstatters war daher – ungeachtet der Richtigkeit der ursprünglichen Meldung – auf jeden Fall erforderlich: nur so konnte der fatale Eindruck unmoralischer Doppelmoral ausgeräumt werden. Der schale Geschmack, das Gericht wolle Nutzen für das Gemeinwesen aus dem verbotenen Handeln einzelner ziehen, ist damit jedenfalls offiziell ausgeräumt.
Allerdings hat der Verteidigungsminister angekündigt, im Fall eines Falles ungeachtet der Karlsruher Entscheidung einen Abschußbefehl zu erteilen.[17] Die Politik greift derart zum letzten Mittel und geht offen in Konfrontation zum Verfassungsgericht, um politischen Handlungsspielraum zurückzugewinnen. Das ist politisch mutig und in der Sache auch moralisch verantwortbar, aber unter normalen Umständen ein Skandal, wird doch ein Verfassungsbruch offen propagiert. Erstaunlicherweise bliebt dies für den Verteidigungsminister ohne erkennbare politische Folgen, sieht man einmal von ritualisierten Rücktrittsforderungen ab: dies mag als Indiz für ein existentielles Bedürfnis und stillschweigende Zustimmung aller Beteiligten gewertet werden. Und ist es nicht genau das, was das Gericht insinuierte, als es über eine mögliche Strafbarkeit eines rechtswidrig den Befehl erteilenden Amtsträgers räsonierte? Liegt darin, daß der ungehorsame Verteidigungsminister scheinbar unangefochten im Amt verbleibt, obwohl er einen Verfassungsbruch ankündigte, nicht insgeheime antizipierte Zustimmung, also doch wieder eine Doppelmoral im Rechtsstaat – freilich eine strukturelle Doppelmoral des Rechtsstaats mit verteilten Rollen?
Der schale Verdacht rechtsstaatlicher Doppelmoral indiziert allerdings im Ansatz auch verfassungsgerichtliche Problemerkenntnis in Sachen Terrorabwehr. Denn wie soll die freiheitlich-demokratische Verfassungsordnung im Fall von Terrorangriffen geschützt und bewahrt werden, wenn man sie nicht soll effektiv verteidigen dürfen? Die gegenwärtige Diskussionslage über die praktischen Konsequenzen des Rechtsstaatsrigorismus läßt sich wie folgt zusammenfassen: peinlich-betretenes Schweigen einerseits und beleidigtes Übergehen der Frage andererseits. Tatsächlich ist das Grundgesetz nur sehr bedingt abwehrbereit: effektive militärische Selbstbehauptung gegen terroristische Anschläge in der Art des 11. September ist verfassungsgerichtlich verboten. Ungeachtet aller physischen, psychologischen und politischen Folgen für das angegriffene Gemeinwesen gilt also der Satz: fiat iustitia pereat mundus. Zwar sucht der Gesetzgeber derzeit intensiv nach Wegen, auf der Basis dieses Urteils gleichwohl den Notwendigkeiten der inneren und äußeren Sicherheit doch noch

dung des Einzelnen, deren Ernsthaftigkeit sie durch das für den Tabubruch verlangte Opfer absichert. Anders als bei anderen gesellschaftlichen Problemen trägt das Recht nicht dadurch zur Lösung bei, dass es ein unter Umständen für erforderlich erachtetes Verhalten für rechtmäßig erklärt, sondern [...] eine Sanktion androht. Aus einer rechtsinternen Perspektive ist diese Lösung paradox. Erst aus der rechtssoziologischen Distanz wird die rechtsintern nicht mehr erfassbare Zweckrationalität der absoluten Unantastbarkeit der Menschenwürde auch für extreme Ausnahmefälle sichtbar.

17 In: Der Tagesspiegel v. 18. 02. 2006, S. 4; vgl. auch BT-Prot. 16/114, 11777.

gerecht zu werden.[18] Doch im Kern gestaltet sich dies – läßt man die doppelmoralische Variante außer Betracht – dogmatisch als unüberwindbar, weil die Menschenwürde unantastbar und abwägungsfest und auch im Notstandsfall des Art. 115 a ff. GG nach positiven Verfassungsrecht nicht zur Disposition steht. Den vom Gericht im Urteil in Erwägung gestellten Supernotstandsfall – »Dabei braucht der Senat nicht zu entscheiden, ob und gegebenenfalls unter welchen Umständen dem Grundgesetz über die mit der Notstandsverfassung geschaffenen Schutzmechanismen hinaus eine solche solidarische Einstandspflicht entnommen werden kann« – gibt es nicht und er legitimierte nichts. Auch wäre es dogmatisch unklar, wie die unantastbare Menschenwürde im »Supernotstandsfall« sich »in nichts«, »abgestuft« oder sonstwie auflösen sollte. Fazit: Wenn man sich nicht selbst behaupten will oder kann, muß man diese Folgen auch öffentlich legitimieren und diese moralisch verantworten. Tatsächlich aber fehlt es daran weithin: statt offenenm Diskurs betretenes Schweigen, statt problemorientierter Sachdiskussion moralisierend-beleidigte Ausgrenzungsversuche.

IV. *Die freiheitliche Gesellschaft zwischen Selbstbehauptung und Selbstaufgabe*

Die Konsequenz fehlender Selbstbehauptungsbereitschaft für die konkrete Art und Form der politischen Einheit, für Freiheit und Demokratie, Säkularität und Rechtsstaat wird von ihren Sympathisanten freilich überwiegend nicht als partielle Selbstaufgabe dieser Fundamentalwerte, sondern ostentativ als Ausdruck der Stärke und Überlegenheit des Rechtsstaates gepriesen: dieser dürfe sich gegenüber der nackten Gewalt und den Zumutungen einer geschlossenen Gesellschaft nicht mit allen Mitteln selbst behaupten, selbst um den Preis seiner Vernichtung. Die Konsequenz ist logisch zwingend, dem Lebensgefühl einer saturierten Gesellschaft freilich eher unangenehm: wer möchte schon untergehen? Wenn man aber die eigene freiheitliche Rechtsordnung nicht verteidigen will – aus Stärke, versteht sich –, dann wird man dem Angreifer nach allen Regeln der politischen Logik wohl oder übel Konzessionen machen müssen. Die selbstbewußten Rechtsstaatsverteidiger und Verfassungspatrioten lassen sich denn auch schon vorauseilend in genau diesem Sinne vernehmen: »Eine Rechtsordnung kann sich auch sinnvollerweise für die Selbstaufgabe entscheiden. Darin liegt gerade die politische Überlegenheit gegenüber totalitären Systemen, deren Präferenz in der rücksichtslosen Selbsterhaltung liegt.« Folge daher: »Die Bewahrung des Bestehenden [sc. die freiheitlich-demokratische Ordnung] ist [...] nicht sakrosankt. Entwicklungsoffenheit und wertneutrale Zukunftsgerichtetheit sind ebenfalls Prinzipien des Grundgesetzes.«[19] In diesen unsäglichen Worten zeigt sich, wie Vernunft verdunstet, wenn man absolute Wahrheit und unantastbare Menschenwürde auf seiner Seite weiß: sie mutiert zum grenzenlosen Oppor-

18 Vgl. *Otto Depenheuer*, Zwischen polizeilicher Gefahrenabwehr und militärischer Verteidigung. Gesetzgeberischer Handlungsbedarf nach dem Urteil des Bundesverfassungsgerichts zum Luftsicherheitsgesetz?, in: ZG 23 (2008), S. 1 ff.

19 *Matthias Jahn*, Das Strafrecht des Staatsnotstandes (o. Fn. 5), S. 204.

tunismus einer zur Selbstachtung und damit Selbstbehauptung unfähigen Gesellschaft, die sich ihre Kapitulation als »sinnvolle Selbstaufgabe« und den Verrat an ihren Werten als »Entwicklungsoffenheit« schönredet: »wertneutraler« und »zukunftsoffener« geht es nun wirklich nicht. Politische Feigheit und fehlende Selbstachtung angesichts der terroristischen Gefahr tarnt sich als rechtsstaatliche Tugend und grundrechtlicher Edelmut.

Und die praktischen Folgen dieser Verfassungsdogmatik des Appeasement und der »sinnvollen Selbstaufgabe« lassen sich schon heute beobachten: sie laufen im Ergebnis auf eine Regression der offenen Gesellschaft und freiheitliche Konzessionen an die Vertreter einer totalitären Ordnung hinaus: Henryk Broder hat in seinem Buch »Hurra, wir kapitulieren« die Belege für das Zurückweichen der freiheitlichen-rechtsstaatlichen Werte eindrucksvoll zusammengestellt,[20] die um weitere vorsorgliche Absagen von Theateraufführungen und Schließung von Ausstellungen zu ergänzen wären. Mit dem Vorschlag des Erzbischofs von Canterbury, Rowan Williams, Aspekte der Scharia in das britische Rechtswesen einzugliedern,[21] würde Elemente einer theokratischen Rechtsordnung die demokratisch-säkulare einer offenen Gesellschaft infizieren, deren Immunsystem bereits als nachhaltig geschwächt erscheint. Und daß in der niederländischen und europäischen Politik mehr darüber nachgedacht wird, Geert Wilders Film »Fitna« zu verbieten, die EU sich von diesem Film distanziert und Ministerpräsident Balkenende eine drohende »Krise« sowie die »Gefahr von Anschlägen« an die Wand malt und sich vorsorglich schon einmal bei allen Muslimen der Welt entschuldigt, statt sich vor die Meinungsfreiheit seiner Bürger zu stellen: all das zeigt, wie man sich die »wertneutrale Entwicklungsoffenheit« einer freiheitlichen Rechtsordnung in der Praxis vorzustellen hat.

Es ist schon eine Ironie der Weltgeschichte, daß im gleichen Zeitraum, in dem die westlichen Verfassungsstaaten ihre Werte mit verbaler Inbrunst und humanitären Interventionen weltweit zu exportieren suchen und bereits über eine menschenrechtlich fundierte Weltverfassung nachdenken,[22] sie selber diese Werte beim ersten gewalttätig flankierten Gegenangriff militanter Vertreter einer geschlossenen Gesellschaft verraten und aufzugeben bereit sind. Offenbar werden die Fundamentalwerte des Westens heute nur noch als angenehmer Rechtskomfort wahrgenommen, den man genießt, solange es ihn gibt, für deren Bewahrung man aber nicht zu kämpfen bereit ist. Dieser Unwille zur Selbstbehauptung wäre kennzeichnender Ausdruck von Dekadenz.

Eine freiheitliche Gesellschaft aber, die noch nicht einmal bereit ist, öffentlich ihre Bereitschaft zur Verteidigung ihrer Verfassungsordnung, von Freiheit, Demokratie und Rechtsstaat, gegen die Angriffe einer geschlossenen Gesellschaft zu bekunden, gibt sich auf. Und eine Verfassungsdogmatik, die ihre eigenen Geltungsvoraussetzungen faktisch ignoriert, theoretisch nicht reflektiert und dogmatisch nicht bewältigen kann oder will, d.h. verfassungsautistisch verkümmert, leistet dabei willfährige Hilfestellung. Derart könnte die real existent seiende »freiheitlich-demokratische Grund-

20 *Henryk Broder*, Hurra, wir kapitulieren, 2006.
21 Vgl. FAZ v. 11. 2. 2008.
22 Dazu *Otto Depenheuer*, Risiken und Nebenwirkungen menschenrechtlicher Universalität, in: Josef Isensee (Hrsg.), Menschenrechte als Weltmission, [erscheint demnächst].

ordnung« schneller als historische Episode in die Geschichte eingehen, als wir uns das heute noch vorstellen können.

Auch und gerade in den Grenzsituationen des politischen Lebens gilt: seiner selbstverschuldeten Mündigkeit kann und darf der aufgeklärte Mensch, das demokratisch legitimierte Parlament und das auf das Grundgesetz verpflichtete Bundesverfassungsgericht nicht entfliehen. Sie müssen in eigener Verantwortung und im Bewußtsein unvermeidlicher Fehlsamkeit »nach bestem Wissen und Gewissen« auch in tragischen Lagen Entscheidungen treffen und verantworten. Der demokratische Rechtsstaat entfaltet sich nicht nur in politischen Schönwetterzonen, sondern fordert rechtsstaatliche Verantwortungsübernahme auch für die weniger angenehmen Seiten des Lebens ein. Ein Spiel mit verteilten Rollen, in dem der gute Gesetzgeber sowie das edle Bundesverfassungsgericht sich pathetisch für das »Wahre, Gute und Schöne« aussprechen in der stillschweigenden Hoffnung, daß Private das Notwendige erledigen werden, ist einer aufgeklärten Gesellschaft und einer rechtsstaatlichen Demokratie unwürdig.

Kommentar zum Vortrag von Otto Depenheuer

*Dieter Simon**

Es ist kein angenehmer Auftrag, einen »Kommentar« zu sprechen zu einem Vortrag, den man wenige Minuten vorher erstmals gehört hat. Man kann sicher sein, daß man nicht alles verstanden hat; der Kommentierte weiß meist ein Vielfaches dessen, was man selbst weiß, und auf der Stelle mit einer begründeten und begründbaren Meinung präsent zu sein, ist auch nicht vielen gegeben. Mir jedenfalls nicht.

Um diesem Dilemma auszuweichen, habe ich einige ältere Texte von Herrn Depenheuer und vor allem sein kleines Buch, das bereits den Titel der heutigen Veranstaltung trägt, gelesen. Zugegeben in der Hoffnung, es möchte ihm inzwischen nicht allzu viel Neues zu dieser Frage eingefallen sein – schließlich ist der dem Menschen bewilligte Vorrat an Ideen und Argumenten bedauerlich klein.

Zu dem Gelesenen habe ich eine Art Rezension oder Erklärung verfasst, die mir geeignet scheint, das Depenheuer-Thema »Selbstbehauptung des Rechtsstaates« – jedenfalls soweit es den Gesichtspunkt »Ausnahmezustand« und den Topos »Bürgeropfer« betrifft – ein wenig zu beleuchten. Diesen Text werde ich Ihnen vortragen, in der Hoffnung, daß er die erwünschte Funktion der Diskussionsbeflügelung erfüllen kann.

Die Untersuchungen, die Herr Depenheuer zu diesen Punkten vorgelegt hat, verstehen sich als »analytische Vorklärungen für normative Entscheidungen«. Es geht also um die normale Arbeit von Juristen: die rechtswissenschaftlich orientierte Reflexion der so genannten Realität als Voraussetzung für die Entwicklung von regulativen Konzepten.

Diese Arbeit scheint dem Professor für Öffentliches Recht in Bezug auf einen bestimmten Punkt, nämlich die Bedrohung durch den Terrorismus, in besonderer Weise vernachlässigt. Er ist der Ansicht, daß – jedenfalls staatstheoretisch – die Frage nicht hinreichend erörtert werde, wie sich der Rechtsstaat zur Wehr setzen kann, soll und muß, wenn sich eines Tages die unleugbare und uns allen bekannte terroristische Gefahr zur realen Bedrohung konkretisiert.

Als mitverantwortlich für diese Lage diagnostiziert er eine natürliche Scheu der Juristen die Ausnahme zu denken, weil sie professionell darauf trainiert sind, Normalität zu garantieren, um gewaltfreie Rechtsgeltung zu sichern.

Tatsächlich beobachtet man bei juristischen Operationen lediglich eine unablässige Befassung mit *Grenz*fällen, mit deren Hilfe die Regel getestet wird. Der unwahrscheinliche Fall, der Sachverhalt mit dem »an sich« niemand rechnet, wird herangezogen, um zu prüfen, wie sich vor ihm die Norm bewährt.

* Ehem. Direktor des Max-Planck-Instituts für Europäische Rechtsgeschichte in Frankfurt a.M. und bis 2005 Präsident der Berlin-Brandenburgischen Akademie der Wissenschaften, Honorarprofessor an der Humboldt-Universität zu Berlin.

Der *Ausnahme*fall bleibt dagegen außer Betracht, weil das Urteil, daß eine Ausnahme vorliegt, notwendig die Feststellung enthält, daß die Regel nicht mehr greift. Die Ausnahme signalisiert das Ende der Regel. Man kann auch, wie zuletzt Carl Schmitt mit der ihm eigenen radikalen Expressivität zu verstehen gab, davon ausgehen, daß die Ausnahme erst die Normalität sichtbar macht – eine dem Historiker nicht unvertraute Banalität.

Daß im professionellen Rechtsgeschäft über die Ausnahme noch weiter nachgedacht werden müsse, ist im Allgemeinen nicht angezeigt – es sei denn unter dem Gesichtpunkt, ob die Ausnahme als eine solche toleriert oder ob der Versuch unternommen werden soll, durch Änderung der Regel die Ausnahme einzufangen, was naturgemäß stets nur vorläufig gelingen kann.

Schicksalsträchtig wird das Regel-Ausnahme-Schema inszeniert, wenn man es, wie Depenheuer, in der Denktradition des zitierten Carl Schmitt auf die staatliche Gesamtlage überträgt und mit ihm für den Fall operiert, daß die staatlichen Hauptfunktionen, die Gewährleistung von Frieden, Freiheit und Sicherheit, von innen oder außen intensiv bedroht werden. Denkmodelle für diese Situation liefern Kriege, Naturkatastrophen oder – heutzutage und hierzulande der nächstliegende Fall – die grenzüberschreitenden Pandemien, terroristische Großangriffe und ähnliche, gefahrvolle Vorkommnisse.

Aus der einfachen Ausnahme wird jetzt der Ausnahmezustand; die Rechtsordnung wird suspendiert; Legislative, Judikative und Exekutive verschmelzen im Maßnahmestaat. Der Rechtsstaat geht in den Wartestand bis die Normallage wiederhergestellt ist. Inzwischen bestimmt und erledigt die rechtlich ungebundene staatliche Gewalt als »kommissarische Diktatur«, wie Carl Schmitt gesagt hätte, das Notwendige.

Ein solches Konzept haben wir – Weimar liegt weit zurück – bisher nicht entwickelt, jedenfalls nicht erneut ausformuliert, was Herr Depenheuer für gefährlich und für eine Folge des Umstandes hält, daß die deutsche Staatsrechtslehre das reale Substrat ihres Faches, den Staat, aus den Augen verloren hat und sich, wie er es ausdrückt, in einem verantwortungslosen »Verfassungsautismus« ergeht.

Der Nutzen eines derartigen Konzepts könnte sich seiner Meinung nach vor allem angesichts der gegenwärtigen terroristischen Bedrohung zeigen. Stellt man neben das naturwüchsige Erdbeben den – der geltenden Rechtsordnung gottlob noch fremden – Rechtsbegriff »Feind«, der, wie von Günther Jakobs, als »Negation des Bürgers«, als Mensch außerhalb des Rechts (als »Vogelfreier«, »homo sacer« etc.) bestimmt wird und identifiziert alsdann den Terroristen als einen solchen, dann wird die durch ihn überforderte Rechtsordnung spürbar entlastet, denn sie muß und kann, weil suspendiert, nicht eingreifen, so daß die rechtsstaatlichen Umständlichkeiten entfallen. Der »Feind« hat nach dieser Verfassungstheorie keinen Anspruch nach Maßgabe der Rechtsordnung behandelt zu werden und kann ohne weiteres und geradezu ehrenhaft eliminiert werden.

Der von Depenheuer mitleidig als »Staat der Menschenwürde« bezeichnete Rechtsstaat kann sich alsdann seine »ungelenken Antworten«, so Depenheuer, auf Guantanamo, Entführungen, CIA-Geheimgefängnisse, Überwachung der online-Kommunikation, Outsourcing der Folter etc. sparen. Das Bundesverfassungsgericht braucht sich nicht mehr blamabel aus der Verantwortung zu stehlen, wenn und weil es eine

Abschußermächtigung gegen Privatflugzeuge nicht verfassungskonform finden will, denn es wird nicht mehr nach seiner Meinung gefragt. Weitere Maßnahmen, wie die präventive Sicherungsverwahrung, die Internierung potentiell gefährlicher Personenkreise und die rechtsstaatlich domestizierte Folter könnten unbelästigt erwogen werden.

Wer angesichts dieser martialischen Mobilmachung eigentlich lieber hedonistisch mit dem Staat der Menschenwürde weiterwursteln möchte, mag sich vielleicht auf die stille Hoffnung zurückziehen, daß schließlich ein irgendwie förmlicher Übergang von der Regel zur Ausnahme stattfinden müsse – eine an das Verfassungsrecht zurückgebundene kapitale Erklärung, daß die Normallage dem Ausnahmezustand gewichen sei. Etwa so, wie im Grundgesetz gegenwärtig die Feststellung des Verteidigungsfalles geregelt ist.

Depenheuers Überlegungen und Empfehlungen machen freilich auch diese letzte, rechtsstaatliche Hoffnung zunichte. Unter Berufung auf Analysen von Giorgio Agamben, der damit allerdings ganz andere politische Absichten verbunden hat, sieht Depenheuer die Ausnahmelage bereits aktuell als gegeben an. Wir erkennen also jetzt die Normalität, aber leben nicht mehr in ihr. Denn aufgrund der permanenten terroristischen Bedrohung sind wir schon, wie er meint, mit einem latenten Ausnahmezustand »infiziert«, so daß es einer förmlichen Feststellung überhaupt nicht mehr bedarf, genauer: sie ist im technischen Sinne unmöglich, da eine »tatbestandliche Anknüpfung« ausscheidet.

Also kann die Entscheidung nicht »generell«, d.h. für das ganze Land und im allgemeinen fallen, sondern ist nur im jeweiligen Einzelfall zu treffen und zwar durch die »exekutiven Staatsorgane«. Am Ende dieser Gedankenkette werden wohl – wenn der Großstaat und seine Führung so schnell nicht erreichbar sind – die Oberbürgermeister, Landräte und Polizeipräsidenten ihre Souveränität durch Entscheidung über den Ausnahmezustand unter Beweis stellen dürfen.

Ergänzt und abgerundet werden diese staatstheoretischen Erwägungen durch das Postulat, eine Theorie des Bürgeropfers zu entwickeln. Mut und Wille den Rechtsstaat zu verteidigen bewähren sich, das liegt auf der Hand, in der Bereitschaft zum Opfer. Gute Absichten und mündliche Erklärungen tragen nichts zur Selbstbehauptung bei. Im Extremfall sollte der Einzelne auch bereit sein, sich selbst zu opfern. Soweit, so gut. Der Bedarf an Helden ist ungesättigt.

Depenheuer meint allerdings, genug sei nicht genug und möchte deshalb dem Staat die Befugnis zuweisen, im »existentiellen Grenzfall« das Lebensopfer auch »gerechtfertigt einfordern« zu dürfen. Etwas weniger radikal und entschieden manierlicher als Bundesinnenminister Schily, der meinte, die abzuschießenden Entführungsopfer seien ohnehin schon tot, empfiehlt Depenheuer, die Betroffenen sollten sich »die Frage stellen, worin die Würde ihres Lebens in dieser Situation bestehen kann«.

Die richtige Antwort wird der Vernünftige zweifellos finden. Er wird seinem »subjektiven Leben zugleich eine objektive Dimension« verleihen wollen und sich selbst opfern. Denn wer »unter allen Umständen nur leben will, der hat buchstäblich nichts wofür es sich zu sterben lohnte«. Das aber braucht der Mensch, weil er sonst, wie Depenheuer mit dem Körperphilosophen und Menschenverächter von Haltern betont,

Gefahr läuft, »ein Niemand zu sein«, dessen Existenz »auf kaum mehr als Gleichgültigkeit« trifft.

Wer nun freilich, trotz solch trüber Aussichten bockig, lieber ein würdeloser Niemand als ein – gegebenenfalls mit einem Denkmal zu Ehrender – objektiver Heros der Solidarität sein möchte, der muß entsprechend verpflichtet werden.

Depenheuer weiß natürlich, daß er diese Pflicht dem liberalen, freiheitlichen und individualistischen Staatsvertragskonzept der Moderne nicht entnehmen kann. Deshalb empfiehlt er die »realitätsferne Lehre vom Staatsvertrag« durch eine andere zu ersetzen und den Staat als eine »jeder individuellen Handlungsmacht vorausliegende Entität« anzusehen. Denkt man den Staat als eine dem Menschen – von wem auch immer – vorgegebene sittliche Größe, wird es theoretisch einfach, eine Gehorsamspflicht kraft Zugehörigkeit anzunehmen.

Allerdings dürfte die liberale Staatsvertragstheorie mit ihrer Vorstellung vom Zusammentreten der Vereinigungswilligen weder realistischer noch unrealistischer sein als Depenheuers »ebenso existentielle wie unverfügbare Verwiesenheit des Einzelnen« auf den Staat kraft Natur oder Gott.

Insoweit würde lediglich eine famose Metaphysik gegen eine andere ausgetauscht, weil die liberale Fiktion, die sich den jetzt erwünschten Leistungen verweigert, kurzerhand einer deistischen ihren Platz räumen muß. Aber die Kosten dieses Tauschgeschäftes dürften den Meisten zu hoch sein.

Depenheuers Verfassungstheorie hätte hier von den denkerischen Anstrengungen der deutschen Zivilistik profitieren können, die bei ihrem Ringen um Vertragsgerechtigkeit längst bemerkt hat, daß eine Distanzierung vom privatautonomen Willensmodell dazu führt, daß aus dem liberalen Prinzip »erlaubt ist, was nicht verboten wurde« unversehens die totalitäre Maxime hervorgeht: »verboten ist, was nicht erlaubt wurde«. In analoger Weise gerät der Austausch des gemeinsam vereinbarten Staates gegen den vorgegebenen Staat schnell zum totalen Staat.

Angesichts der »Permanenz der Ausnahmelage« empfehle ich die Haltung des Präsidenten George W. Bush. Als ihn das »ikonographische Paradigma« vom 11. September 2001 ereilte, verzog er, wie die Welt kurz darauf im Fernsehen bewundernd erleben durfte, keine Miene.

Sicherheit und Freiheit – ein zunehmend asymmetrisches Verhältnis

*Oliver Lepsius**

In den letzten zehn bis fünfzehn Jahren erlebten wir eine beispiellose Zunahme an Sicherheitsgesetzen – eine Zunahme, die alle bisherigen Phasen neuer Sicherheitsgesetzgebung in den Schatten stellt. Zwar fand Ende der 1960er Jahre die heftige Debatte um die Notstandsgesetzgebung statt, die zu umfangreichen Verfassungsänderungen führte. Besonders beim Grundrecht auf Fernmeldefreiheit kam es zu erheblichen Einschränkungen mit der Folge, daß in der Bundesrepublik mehr Telefone abgehört wurden als in jedem anderen Land der westlichen Welt.[1] Zwar erlebten wir im Gefolge des RAF-Terrorismus in den 1970er Jahren einschneidende Gesetzesänderungen, insbesondere im Straf- und Strafprozeßrecht.[2] Jetzt indes befinden wir uns in einer Phase, die seit Mitte der 1990er Jahre andauert und die, statt abzuklingen, eher noch an Fahrt zu gewinnen scheint und in den letzten Jahren Züge des kopflosen Aktionismus trug. Immer öfter wird den politischen Akteuren inzwischen die Fähigkeit zu verantwortlicher Sicherheitspolitik abgesprochen und ein symbolischer Aktionismus beklagt oder von einer Sicherheitshypertrophie gesprochen. Aber auch in der wissenschaftlichen Diskussion läßt sich eine Lust, wenn nicht gar Besessenheit konstatieren, hypothetische Grenzfälle und fernliegende Horrorszenarien zum Ausgangspunkt wissenschaftlicher Auseinandersetzung zu nehmen.[3] Stichworte wie Rettungsfolter, Aufopferungspflicht für das eigene Leben, Feindstrafrecht mögen dies belegen.[4] Vereinzelte Stimmen der wissenschaftlichen Literatur gehen über die gesetzlich angeordneten Maßnahmen weit hinaus.[5] Einige argumentieren dabei mit dem wissenschaftlichen Tabubruch, der die Beweislast umkehrt indem er behauptet, Denkverbote

* Inhaber des Lehrstuhls für Öffentliches Recht, Allgemeine und Vergleichende Staatslehre an der Universität Bayreuth.

1 2001 waren es nahezu 20000 Abhöraktionen, vgl. *F. Roggan*, Moderne Telekommunikationsüberwachung, KritV 2003, 76 (83); siehe auch *G. Zimmermann*, Staatliches Abhören, 2001; *U. Wesel*, Recht, Unrecht und Gerechtigkeit, 2003, S. 193 f.

2 Zu den seinerzeitigen sicherheitsrechtlichen Fragen: *R. Wassermann* (Hrsg.), Terrorismus contra Rechtsstaat, 1976; *H.-J. Vogel*, Strafverfahrensrecht und Terrorismus – eine Bilanz, NJW 1978, 2118; *U. Berlit/H. Dreier*, Die legislative Auseinandersetzung mit dem Terrorismus, in: F. Sacke/H. Steinert (Hrsg.), Protest und Reaktion, 1984, S. 226.

3 Analyse durch S. *Augsberg*, Denken vom Ausnahmezustand her: über die Unzulässigkeit der anormalen Konstruktion und Destruktion des Normativen, in: F. Arndt u.a. (Hrsg.), Freiheit – Sicherheit – Öffentlichkeit, 2009, S. 17-39; *U. Volkmann*, Der alltägliche Ausnahmezustand oder: Not kennt viele Gebote, Merkur 62 (2008), 369.

4 Zur Diskussion statt vieler *G. Beestermöller/H. Brunkhorst* (Hrsg.), Rückkehr der Folter, 2006.

5 *O. Depenheuer*, Selbstbehauptung des Rechtsstaats, 2. Aufl. 2007; dazu *M. Stolleis*, Angst essen Seele auf, Merkur 61 (2007), 1145-1150.

niederzureißen.[6] Der Tabubruch – lange ein Stilmittel rebellierender Teenager – ist wissenschaftlich chic geworden. Insgesamt stehen wir vor einer Entwicklung, die der frühere Bundesverfassungsrichter Wolfgang Hoffmann-Riem mit den Worten charakterisierte: Die Balance zwischen Freiheit und Sicherheit ist nicht gewahrt; zu viele Eingriffe zu Lasten der Freiheit.[7] Das zunehmend asymmetrische Verhältnis von Sicherheit und Freiheit soll im folgenden in drei Schritten analysiert werden: Was ist passiert? Wie läßt sich dieses erklären? Was kann man dagegen tun?

I. *Entwicklungsschritte*

1. *Entwicklungsschritte in der Gesetzgebung*

Beginnen wir mit einer stichwortartigen Aufzählung einiger wichtiger Sicherheitsgesetze der letzten Dekade.[8] Ich greife nur wenige, markante Gesetze heraus.

a) *Organisierte Kriminalität*

Den Beginn markiert die Debatte um die organisierte Kriminalität, die schlußendlich 1998 zur Änderung des Art. 13 GG (Unverletzlichkeit der Wohnung) führte, um den sog. »großen Lauschangriff«, also das Abhören des in der Wohnung gesprochenen Wortes einführen zu können.[9] Das Abhören von Wohnungen ist einer der schärfsten Grundrechtseingriffe überhaupt, weil er in den Bereich der räumlichen Privatheit und die Intimsphäre eindringt, in einen individuellen Rückzugsraum, in dem der Einzelne in Ruhe gelassen werden möchte. Die Bekämpfung der organisierten Kriminalität galt also schon in den 1990er Jahren als ein rechtspolitisch offensichtlich geeigneter Grund für schwerste Grundrechtseingriffe. Sie diente sogar zur Rechtfertigung einer Verfassungsänderung, um diese Eingriffe zu ermöglichen. Dabei ist bis heute unge-

6 Vgl. *M. Baldus*, Freiheitssicherung durch den Rechtsstaat des Grundgesetzes, in: S. Huster/K. Rudolph (Hrsg.), Vom Rechtsstaat zum Präventionsstaat, 2008, S. 107 (118): Der Rechtsstaat werde »beschädigt, wenn Denksperren errichtet, Realitäten tabuisiert und Dilemmasituationen als Momente menschlicher Tragik qualifiziert werden, die das Recht doch am besten aussparen möge.«

7 Interview in: Süddeutsche Zeitung v. 12.4.2008, S. 7.

8 Siehe zur Entwicklung etwa auch *C. Gusy*, Präventionsstaat zwischen Rechtsgüterschutz und Abbau von Freiheitsrechten in Deutschland, in: K. Graulich/D. Simon (Hrsg.), Terrorismus und Rechtsstaatlichkeit, 2007, S. 273 (274-279); *J. Saurer*, Die Ausweitung sicherheitsrechtlicher Regelungsansprüche im Kontext der Terrorismusbekämpfung, NVwZ 2005, 275; *O. Lepsius*, Freiheit, Sicherheit und Terror: Die Rechtslage in Deutschland, Leviathan 32 (2004), 64 (68 ff.).

9 Die einfachgesetzliche Ausgestaltung des großen Lauschangriffs war verfassungswidrig. Die Verfassungsänderung selbst wurde nur durch eine verfassungskonforme Auslegung des verfassungsändernden Gesetzes abgewendet. Vgl. BVerfGE 109, 279 – großer Lauschangriff [2004]; kritisch zuvor schon *H.-J. Papier*, in: Maunz-Dürig, Grundgesetz, 36. Lfg. 1999, Art. 13, Rn. 64-68; detaillierte Analyse bei *O. Lepsius*, Der große Lauschangriff vor dem Bundesverfassungsgericht, JURA 2005, 433, 586; zu den Konsequenzen auch *P. Schaar* (Hrsg.), Folgerungen aus dem Urteil des BVerfG zur akustischen Wohnraumüberwachung, 2005.

klärt, was der Begriff »organisierte Kriminalität« eigentlich bedeutet.[10] Er kann neue Verbrechensformen wie mafiöse osteuropäische Strukturen oder Geldwäsche genauso erfassen wie herkömmliche (Korruption), oder auch die klassische Räuberbande meinen. Reagiert wurde hier nicht auf ein empirisch benennbares Phänomen, sondern auf eine diffuse Bedrohungslage, die sich aus dem Niederreißen des Eisernen Vorhangs zu ergeben schien. Schon diese diffuse Bedrohungslage entfaltete ein rechtspolitisches Rechtfertigungspotential für neue Grundrechtseingriffe – und zwar lange vor den Anschlägen im September 2001.

b) *Verdachtlose Kontrollen*

Als zweites Beispiel sei die Schleierfahndung genannt, die gleichfalls bereits in den 1990er Jahren in die Polizeigesetze der Länder und des Bundes eingeführt wurde.[11] Bei einer Schleierfahndung handelt es sich um verdachts- und anlaßlose Personenkontrollen, die der Polizei in einem 30km tiefen Streifen entlang der Bundesgrenze sowie bundesweit auf Verkehrswegen erlaubt sind und zwar ohne (und das ist das neue) daß der Kontrollierte durch sein Verhalten einen Anlaß zur Kontrolle gegeben hat. Wer sich also in Aachen aufhält, einer Großstadt mit 250.000 Einwohnern, muß jederzeit mit einer Personenkontrolle rechnen. Auch mit der Schleierfahndung wird auf die Grenzöffnungen reagiert, insbes. den Fortfall der Grenzkontrollen in der Folge des Schengener Übereinkommens.[12] Die Maßnahme richtet sich auch hier gegen einen diffusen Zustand, nämlich die Annahme, daß der grenznahe Raum abstrakt gefährlich ist und daher jederzeitiger anlaßloser Kontrolle bedarf.
Beide Maßnahmen, Lauschangriff und Schleierfahndung, verkürzen den Freiheitsraum an den entgegengesetzten Enden: einerseits bei der Wohnung als individuellem Rückzugsraum, andererseits beim allgemeinen Sozialverhalten im öffentlichen

10 *J. Kinzig*, Die rechtliche Bewältigung von Erscheinungsformen organisierter Kriminalität, 2004; *W. Gropp/B. Huber* (Hrsg.), Rechtliche Initiativen gegen organisierte Kriminalität, 2001; *H.-J. Albrecht*, Organisierte Kriminalität und Verfassungsstaat, 1998; *P.-A. Albrecht*, Organisierte Kriminalität: das Kriminaljustizsystem und seine konstruierten Realitäten, KritV 80 (1997), 229. Aus der rechtspolitischen Diskussion einerseits *BKA* (Hrsg.), Organisierte Kriminalität, 1997; andererseits *Bündnis 90/Die Grünen* (Hrsg.), »Organisierte Kriminalität« – ein Phantombegriff mit hohem Gebrauchswert, 1997, BT-Drs. 13/8650.

11 Beispiele: § 23 Abs. 1 Nr. 3, 4 BPolG; Art. 13 Abs. 1 Nr. 5 BayPAG. Zu den weiteren Rechtsgrundlagen *C. Gusy*, Polizeirecht, 7. Aufl. 2009, Rn. 216; *W.-R. Schenke*, Polizei- und Ordnungsrecht, 5. Aufl. 2007; Rn. 120 f. In Mecklenburg-Vorpommern wurde die Schleierfahndung teilweise für verfassungswidrig gehalten, in Bayern hingegen nicht; vgl. LVerG M-V, DVBl. 2000, 262; BayVerfGH, BayVBl. 2003, 560; BayVerfGH, BayVBl. 2006, 339; ebenso wenig in Sachsen-Anhalt, SachsAnhVerfG, NVwZ 2002, 1370. Zur Rechtsprechung: *H. Lisken*, Das Ende der »Schleierfahndung« in Mecklenburg-Vorpommern, DRiZ 2000, 272 ff.; *C. Möllers*, Anmerkung zu LVerfG M-V, ThürVBl. 2000, 41; *H.-D. Horn*, Anmerkung, BayVBl. 2003, 545 ff. Zur Schleierfahndung im übrigen: *S. Graf*, Verdachts- und ereignisunabhängige Personenkontrollen, 2006; *M. Kant*, »Evaluation« der Schleierfahndung, Bürgerrechte & Polizei 2004, 46-55; *C. Krane*, Schleierfahndung, 2003, *N. Castillon*, Dogmatik und Verfassungsmäßigkeit neuer Befugnisse zur verdachts- und anlassunabhängigen Personenkontrollen, 2003; *E. Denninger*, Schleierfahndung im Rechtsstaat?, in: FS Ekkehart Stein, 2002, S. 15-35; *M. Herrnkind*, Personenkontrollen und Schleierfahndung, KJ 33 (2000), 188-208; *H. Lisken*, Verdachts- und ereignisunabhängige Personenkontrollen zur Bekämpfung der grenzüberschreitenden Kriminalität?, NVwZ 1998, 22.

12 Kritische Bestandsaufnahme durch S. *Leutheusser-Schnarrenberger*, Ein System gerät außer Kontrolle, ZRP 2004, 97.

Raum, und beide Eingriffe werden mit eher diffusen Bedrohungsszenarien gerechtfertigt.

c) *Terrorismusbekämpfung*

Hier ist schon der Trend vorgezeichnet, der dann nach dem September 2001 durchbricht. Die Anschläge in den USA sind daher keine Zäsur in der Entwicklung des Sicherheitsrechts, sondern ein beschleunigendes Moment. Das verdeutlicht auch der Umstand, daß der Deutsche Bundestag die beiden Sicherheitspakete noch 2001 verabschieden konnte. Sie waren nicht erst nach dem 11. September 2001 gereift, sondern befanden sich längst in den Schubladen.

Auch bei den neuen Maßnahmen gegen die Gefahren des internationalen Terrorismus sehen wir uns insofern einem diffusen Problem gegenüber als sich der Kampf nicht gegen die Täter als solche richtet, sondern gegen die Strukturen im Hintergrund, die gerne als Netzwerke beschrieben werden. Hier setzt eine wichtige Verschiebung ein: Die Verfolgung und Aufklärung von Straftaten (bei der Bekämpfung der organisierten Kriminalität noch das zentrale Ziel) tritt in den Hintergrund gegenüber der Gefahrenabwehr, insbesondere der Verhinderung und Verhütung von Straftaten. Prävention (Gefahrenverhütung) wird rechtspolitisch wichtiger als Repression (Strafverfolgung). Und das ist im Gefolge des 11.9.2001 konsequent gedacht: Die Attentäter von New York und Washington waren tot. Ihre Taten bleiben ungesühnt – und das hinterläßt eine Wunde im Rechtsstaat. Das Recht kann gegen die Täter nichts mehr richten. Der Rechtsstaat erscheint mangels des faktischen Vermögens zur Strafverfolgung machtlos. Diese Machtlosigkeit ist ein neues, erneut diffuses Bedrohungsszenario: man weiß nicht, wann wo und wie der nächste Anschlag droht, aber man weiß, daß man Selbstmordattentäter nicht mehr zur Rechenschaft ziehen kann. Die Handlungsziele verändern sich notgedrungen von der Strafverfolgung zur Verhütung von Straftaten, von der Repression zur Prävention.

Ein Beispiel für eine gewissermaßen prognostische Diffusität ist der inzwischen für verfassungswidrig erklärte[13] § 14 Abs. 3 LuftSiG, der zum Abschuß von Flugzeugen ermächtigte.[14] Der Gesetzgeber meinte auf einen Anschlag reagieren zu müssen, der sich so nicht wiederholen wird. Nicht ohne Grund ist in der Rechtfertigungsrhetorik für diese Vorschrift immer wieder die Rede davon, der Staat müsse handeln können, er dürfe nicht tatenlos zusehen müssen.

Die Konzentration auf die Prävention hat in den letzten Jahren zu weiteren erheblichen Grundrechtseingriffen geführt, die ich in einer Auswahl stichwortartig nenne:

- Telefonüberwachung zu präventivpolizeilichen Zwecken (das niedersächsische Modellgesetz wurde für verfassungswidrig erklärt[15]),

13 BVerfGE 115, 118 [2006] – Luftsicherheitsgesetz.

14 Zur Problematik *F. Hase*, Das Luftsicherheitsgesetz: Abschuss von Flugzeugen als »Hilfe bei einem Unglücksfall«?, DÖV 2006, 213 (mit Überblick über den Meinungsstand vor Urteilsverkündung); *W. Höfling/S. Augsberg*, Luftsicherheit, Grundrechtsregime und Ausnahmezustand, JZ 2005, 1080; *J. Kersten*, Die Tötung von Unbeteiligten, NVwZ 2005, 661; *K. Odendahl*, Der Umgang mit Unbeteiligten im Recht der Gefahrenabwehr, Die Verwaltung 38 (2005), 425; *M. Baldus*, Streitkräfteeinsatz zur Gefahrenabwehr im Luftraum, NVwZ 2004, 1278.

- Rasterfahndung zu präventivpolizeilichen Zwecken (die Durchführung gegen islamische Studenten wurde für verfassungswidrig erklärt[16]),
- verdeckte Online-Durchsuchung, sog. Trojaner (das Modellgesetz aus Nordrhein-Westfalen wurde für verfassungswidrig erklärt[17]),
- automatische Kfz-Kennzeichenerfassung (das Modellgesetz aus Hessen wurde für verfassungswidrig erklärt[18])
- Vorratsdatenspeicherung von Telekommunikationsverbindungsdaten (einstweilige Anordnung gegen das Gesetz war erfolgreich,[19] in der Sache noch nicht entschieden),
- das neue BKA-Gesetz[20] (dessen Verfassungsmäßigkeit gleichfalls bestritten wird).

Weitere Gesetzgebungsvorschläge stehen im Raum: vor allem die Neuregelung der Luftsicherheit, der Einsatz der Bundeswehr im Inneren ohne Verteidigungsfall, Spähangriffe und Videoüberwachung der Wohnung. Brechen wir hier ab und versuchen, die Maßnahmen unter dem Verhältnis von Freiheit und Sicherheit zu bewerten.

2. *Neue qualitative Dimensionen*

Einerseits ist ein Trend erkennbar, gerade in die elementaren Räume der Privatheit einzudringen: Wohnung, Kommunikation, Computer, personenbezogene Daten (Rasterfahndung); andererseits unterliegt der öffentliche Raum der Überwachung: verdachtlose Personenkontrollen, Videoüberwachung, Kennzeichenabfrage. Der

15 BVerfGE 113, 348 – präventive Telefonüberwachung [2005]. Dazu *F. Roggan*, Moderne Telekommunikationsüberwachung: Eine kritische Bestandsaufnahme, KritV 2003, 76 ff.; *R. Schenke*, Verfassungsrechtliche Probleme einer präventiven Überwachung der Telekommunikation, AöR 125 (2000), 1 ff.

16 BVerfGE 115, 320 [2006]. Dazu *U. Volkmann*, Die Verabschiedung der Rasterfahndung als Mittel der vorbeugenden Verbrechensbekämpfung, Jura 2007, 132; allgemein zur Rasterfahndung: *C. Gusy*, Rasterfahndung nach Polizeirecht?, KritV 85 (2002), 474 ff.; *H. Lisken*, Zur polizeilichen Rasterfahndung, NVwZ 2002, 513 ff.; *W. Achelpöhler/H. Niehaus*, Rasterfahndung als Mittel zur Verhinderung von Anschlägen islamischer Terroristen in Deutschland, DÖV 2003, 49 ff.; *R. Gössner*, Computergestützter Generalverdacht, vorgänge 3/2002, 41 ff.; *W. Bausback*, Rasterfahndung als Mittel der vorbeugenden Verbrechensbekämpfung, BayVBl. 2002, 713 ff.; *H.-D. Horn*, Vorbeugende Rasterfahndung und informationelle Selbstbestimmung, DÖV 2003, 746.

17 BVerfGE 120, 274 [2008] – Online-Durchsuchung. Dazu: *O. Lepsius*, Das Computer-Grundrecht, in: F. Roggan (Hrsg.), Online-Durchsuchungen, 2008, S. 21; *G. Britz*, Vertraulichkeit und Integrität informationstechnischer Systeme, DÖV 2008, 411; *M. Eifert*, Informationelle Selbstbestimmung im Internet, NVwZ 2008, 521; *U. Volkmann*, Anmerkung, DVBl. 2008, 590; *T. Böckenförde*, Auf dem Weg zur elektronischen Pivatsphäre, JZ 2008, 925; das Urteil erläuternd und rechtfertigend *W. Hoffmann-Riem*, Der grundrechtliche Schutz der Vertraulichkeit und Integrität eigengenutzter informationstechnischer Systeme, JZ 2008, 1009. Zu den Rechtsfragen im übrigen: *B. Huber*, Trojaner mit Schlapphut, NVwZ 2007, 880; *M. Jahn/H. Kudlich*, Die strafprozessuale Zulässigkeit der Online-Durchsuchung, JR 2007, 57; *M. Kutscha*, Verdeckte »Online-Durchsuchung« und Unverletzlichkeit der Wohnung, NJW 2007, 1169; siehe ferner *M. Baldus*, Präventive Wohnraumüberwachung durch Verfassungsschutzbehörden der Länder, NVwZ 2003, 1289.

18 BVerfGE 120, 378 (397 ff.) – Kfz-Kennzeichenerfassung [2008]. Dazu *J. Martinez Soria*, Grenzen vorbeugender Kriminalitätsbekämpfung im Polizeirecht, DÖV 2007, 779.

19 BVerfGE 121, 1; 121, 391 [2008].

20 BKA-Gesetz i.d.F. v. 1.1.2009, BGBl. 2008 I, S. 3083; Verfassungsbeschwerde anhängig seit 27.1.2009.

Freiheitsraum des Einzelnen wird sowohl in seiner individuellen Schutzdimension (Privatheit, Rückzugsraum) als auch in seiner sozialen Schutzrichtung (Öffentlichkeit, Kommunikation) staatlicher Überwachung unterzogen. Die Freiheit gerät in die sicherheitsrechtliche Zange. Man kann weder ins Private noch ins Soziale ausweichen, um Freiheitsverluste durch andere Verhaltensschwerpunkte zu kompensieren.

Nun mag man einwenden, ich übertriebe. Überwachung sei nichts neues, Grundrechtseingriffe habe es immer schon gegeben, sowohl in Räume der Privatheit als auch der Öffentlichkeit.[21] Das ist richtig und ganz unbestritten. Die neue Dimension der Freiheitsbeschränkung zeigt sich erst, wenn wir noch näher hinschauen. Gegenwärtige Freiheitsbeschränkungen im Namen der Sicherheit weisen nämlich besondere Eigenschaften auf:

a) *Heimlichkeit*

Die neuen Freiheitseingriffe erfolgen zum größten Teil heimlich. Hierin liegt eine spezifische Qualität unabhängig von der Eingriffstiefe, die nämlich, wenn man sie individuell betrachtet, gering sein kann. Bei der Rasterfahndung oder Kennzeichenabfrage kann der Eingriff in Datenschutzrechte marginal erscheinen, und bei der Videoüberwachung des öffentlichen Raums kann man sogar bezweifeln, ob es sich überhaupt um einen Grundrechtseingriff handelt. Die neue qualitative Dimension dieser Maßnahmen liegt indes nicht in der Eingriffsintensität, sondern in der Heimlichkeit. Im heutigen Sicherheitsstaat weiß der Betroffene nichts vom Eingriff (der Telefonüberwachung, des Lauschangriffs, des Trojaners). Das führt zu einer sicherheitsrechtlich wichtigen Konsequenz: Der Überwachte kann sein Verhalten nicht ausrichten, um Grundrechtseingriffe zu vermeiden. Im Gegenteil, man muß wegen der Heimlichkeit immer mit der Möglichkeit eines Grundrechtseingriffs rechnen und zwar ganz unabhängig davon, ob man selbst Schlimmes im Schilde führt. Dieses Gefühl des latenten Überwachtwerdens kann Einschüchterungseffekte auslösen, die auf das Sozialverhalten einwirken. Um den Überwachungsmaßnahmen zu entgehen, müßte man nämlich auf zahlreiche Verhaltensformen verzichten. Man dürfte nicht mehr telefonieren oder Auto fahren. Man müßte den PC abstellen und dürfte sich nicht mehr an Verkehrsmittelpunkten aufhalten. Da ein solcher Rückzug ins soziale Schneckenhaus natürlich undenkbar ist, entsteht ein Einschüchterungseffekt: Bestimmte Verhaltensformen wechseln aus der Sphäre individueller Entfaltungsfreiheit in die Sphäre sozialen Verhaltensskrupels. Das Bundesverfassungsgericht hat das Phänomen des Einschüchterungseffekts oft beschrieben und mit ihm die besondere Schwere vermeintlich unerheblicher Eingriffe begründet.[22]

21 In welchem Ausmaß etwa der Brief- und Fernmeldeverkehr in der Bundesrepublik bis zum Erlaß des G 10-Gesetzes 1968 kontrolliert und zensiert wurde, deckt auf: *Josef Foschepoth*, Postzensur und Telefonüberwachung in der Bundesrepublik Deutschland (1949-1968), in: Zeitschrift für Geschichtswissenschaft 5/2009. Das Abhören des Fernmeldeverkehrs und die Zensur und Vernichtung von Postsendungen wurde auf alliiertes Vorbehaltsrecht gestützt, dessen Fortgelten man auch nach 1955 mangels bundesgesetzlicher Regelung annahm. Erst mit dem G 10-Gesetz 1968 endete diese grundgesetzwidrige Praxis. Dazu auch schon *C. Arndt*, Rechtsprobleme der Post- und Fernmeldekontrolle, FS Schäfer 1980, S. 147.

b) *Streubreite*

Die neuen Grundrechtseingriffe zeigen des weiteren eine große Streubreite.[23] Sie erfassen, gerade wenn sie präventiven Zwecken dienen, zahlreiche unbeteiligte Personen, die zudem vom Eingriff aufgrund seiner Heimlichkeit nichts erfahren werden. Denn eine Telefonüberwachung, um ein Beispiel zu geben, wird später nur dem Inhaber des Anschlusses bekannt gegeben, nicht aber all jenen, die in der Zwischenzeit dort angerufen haben und mitabgehört wurden.

c) *Persönlichkeitsprofile*

Schließlich ermöglichen insbesondere Eingriffe in personenbezogene Datenbestände, auch wenn sie für sich genommen unerheblich scheinen mögen, in ihrer Summierung, Verarbeitung und Auswertung das Erstellen von Persönlichkeitsprofilen.[24] Sie ermöglichen Aufschlüsse über Menschen, die im menschlichen Zusammenleben bestenfalls den am nächsten stehenden Personen möglich wären. Elektronisch läßt sich mehr über den Menschen erfahren als menschlich möglich wäre. Denn im normalen Sozialverhalten gibt der Mensch nur einzelne Facetten von sich preis, weil er in unterschiedlichen Rollen und mit unterschiedlichen Interessen handelt, also nicht zeitgleich jedes grundrechtlich geschützte Verhalten ausübt. Typischerweise kennen wir den Mitmenschen nur in bestimmten, rollen- oder interessenspezifischen Verhaltenszusammenhängen: als Arbeitskollegen, als Nachbarn, als Person des öffentlichen Interesses. In der Abschichtung rollen und interessenspezifischen Verhaltens liegt ein erheblicher individueller Entfaltungsgewinn und Freiheitsaspekt. Man kann und wird sich in verschiedenen Kontexten verschieden verhalten. Im Vereinsleben kann ein Held sein, wer im Beruf ein Versager ist. In der Öffentlichkeit kann ein Vorbild sein, wessen Familienleben zerrüttet ist.

Diese Verhaltensvielfalt zu sichern, ist gerade auch ein wesentliches Ziel der Grundrechte. Sie erkennen unterschiedliche Freiheitsräume an: private, politische, wirtschaftliche. Diese unterschiedlichen Freiheitsräume werden im Verfassungsrecht nicht zu einer Metafreiheit fusioniert, sondern bewußt differenziert geschützt: durch die Ausgestaltung spezieller Schutzbereiche, durch abgestufte Gesetzesvorbehalte sowie durch eine Verhältnismäßigkeitsprüfung, in der die Tatsachen des Einzelfalls genau so berücksichtigt werden wie das Recht im Lichte konkurrierender Freiheitsrechte normativ bewertet wird. Mit anderen Worten: Der Grundrechtsschutz reflektiert das Sozialverhalten des Menschen. Er knüpft an den individuellen Verhaltensfor-

22 Zum Einschüchterungseffekt etwa BVerfGE 120, 274 (323) – Online-Durchsuchung [2008]; 120, 378 (398 f.) – Kfz-Kennzeichenabfrage [2008].

23 Auf diese Merkmale (Heimlichkeit, Streubreite, Einschüchterungseffekte) hatte das BVerfG bereits bei der Überprüfung anderer Sicherheitsgesetze zurückgegriffen, vgl. etwa BVerfGE 109, 279 (353) – großer Lauschangriff [2004]; 113, 348 (382-384) – präventive Telefonüberwachung [2005]; 115, 320 (348, 356f.) – Rasterfahndung [2006]; 118, 168 (197) – Kontoabfrage [2007].

24 Vgl. zur dadurch ausgelösten »gesteigerten Gefährdungslage«, auf die die Grundrechtsdogmatik reagieren muß: BVerfGE 65, 1 (42) – Volkszählung [1983]; 113, 29 (45 f.) – PC-Durchsuchung beim Rechtsanwalt [2005]; 115, 320 (342) – Rasterfahndung [2006]; 118, 168 (184 f.) – Kontostammdatenabfrage [2007]; 120, 378 (398) – Kfz-Kennzeichenabfrage [2008].

men an, die der Einzelne nebeneinander je nach seiner Interessenverfolgung und je nach den Rollenerwartungen einnimmt.
Hier nun nimmt die soziale wie rechtliche Gefahr bei der Datenerhebung ihren Ausgang: Die elektronische Erfassung des Menschen entdifferenziert seinen sozialen Verhaltenspluralismus und überspielt zugleich den darauf gestützten Grundrechtsschutz. Mit Hilfe personenbezogener Daten (TK-Verbindungen, Handy-Standorte, Computer-Durchsuchung, KfZ-Daten etc.) und ihrer präventivpolizeilichen Verarbeitung ließen sich Persönlichkeitsprofile gewinnen,[25] die im normalen Sozialkontakt unmöglich zu erheben wären. Auch wenn diese Datenerhebungen für sich genommen unerheblich erscheinen mögen, so bilden sie doch in ihrer Zusammenführung die Grundlage für ein Ausspähen des Menschen, das durch andere Menschen im Alltag nicht denkbar wäre. Wir können über den Menschen mit elektronischen Mitteln mehr erfahren als wir es mit unseren fünf Sinnen im normalen Sozialkontakt je könnten. Der gläserne Bürger ist nicht nur technisch machbar, sondern auch rechtlich gewollt.

3. *Zusammenfassung*

Fassen wir zusammen: Freiheitseingriffe haben durch die moderne Sicherheitsgesetzgebung eine andere qualitative Dimension gewonnen. Sie erfassen den Menschen in allen Sozialbezügen bis hin zum Intimbereich. Sie erfassen den Menschen gerade auch in einem artifiziellen Querschnitt, der die Sozialität des Menschen transzendiert: Elektronische Spuren (Daten) ermöglichen Aufschlüsse, die über sinnlich Beobachtbares hinausgehen. Diese Eingriffe bleiben verdeckt. Sie bewirken beim Betroffenen: Kontrollverlust und Wehrlosigkeit, Einschüchterung und Verluste individueller Verhaltensformen, Mißtrauen gegenüber Gesellschaft und Staat.

II. *Erklärungsansätze*

Wie läßt sich diese Entwicklung diagnostisch verdichten und erklären? Man könnte auf soziale Aspekte abstellen: das Sicherheitsgefühl in der Bevölkerung, die diffuse Bedrohungslage, ihre mediale Aufbereitung oder die Unkenntnis von Tatsachen bzw. die Einsicht, daß angesichts einer unklaren Bedrohungslage bereits im Vorfeld von Tatsachen gehandelt werden muß.
Man könnte auch auf politische Aspekte abstellen, z.B. die Ausdehnung der Staatstätigkeit auf die Vorsorge und das damit einher gehende Versprechen der öffentliche Gewalt, alles mögliche für die Prävention zu tun. Der Staat gibt hier ein Versprechen ab, das er nicht halten kann. Er überfordert sich mit uneinlösbaren Erwartungen, auf die Politiker mit Aktionismus reagieren oder mit Schuldzuschreibungen, wie wir es

25 Die Auswirkungen werden geschildert bei BVerfGE 120, 274 (323 f.) – Online-Durchsuchung [2008]. Dazu auch *O. Lepsius*, Computer-Grundrecht (o. Fn. 17), S. 49-52.

etwa nach der Entscheidung des Bundesverfassungsgerichts zur Verfassungswidrigkeit der Abschußermächtigung im Luftsicherheitsgesetz erlebt haben. Politisch erhält das Gericht den schwarzen Peter. Wenn etwas passiert, soll das Gericht die Verantwortung tragen.
Als Jurist möchte ich den Akzent nicht auf politische oder gesellschaftliche Ursachen legen, sondern nach spezifisch rechtlichen Gründen für die Entwicklung fragen. Hierzu möchte ich drei Erklärungsansätze für die Asymmetrie zwischen Freiheit und Sicherheit präsentieren:

1. *Die Entindividualisierungsthese*

Mein erster Erklärungsansatz für die Asymmetrie ist die Entindividualisierungsthese.[26] In der modernen Sicherheitsgesetzgebung wird der Grundrechtsträger nicht mehr als Individuum wahrgenommen, sondern als austauschbares Element der Gesellschaft, nicht mehr als prinzipiell rechtstreuer Bürger, sondern als potentieller Gefährder. Dadurch kehrt sich die Beweislast zugunsten der Sicherheit um und das hören wir oft in den Reden der Sicherheitspolitiker, die darauf hinweisen, wer sich nichts zu schulden kommen lasse, müsse auch nichts befürchten.
Greifen wir zur Verdeutlichung der Entindividualisierung noch einmal auf das Beispiel der Schleierfahndung zurück, nach der etwa jeder Einwohner Aachens der verdachtlosen Personenkontrolle unterliegt. Nach den Grundsätzen des allgemeinen Polizeirechts ist das keine Selbstverständlichkeit. Adressat einer Maßnahme ist grundsätzlich nur, wer entweder durch eine Handlung eine Gefahr verursacht hat (sog. Handlungsstörer) oder die Herrschaft über eine Sache ausübt, von der eine Gefahr ausgeht (sog. Zustandsstörer). Andere Personen (sog. Nichtstörer) können demgegenüber nur ausnahmsweise Adressat einer Maßnahme der Gefahrenabwehr sein. Die Voraussetzungen sind in den Polizeigesetzen genau normiert und ziemlich eng. Es muß eine gegenwärtige erhebliche Gefahr bestehen, zu deren Abwehr kein Handlungs- oder Zustandsstörer herangezogen werden kann; auch die Polizei kann nicht selbst handeln und die Inanspruchnahme muß dem Nichtstörer zumutbar sein.[27]
Durch die Schleierfahndung wird nun dieses Ausnahmeverhältnis umgekehrt:[28] Jeder wird gesetzlich zum Nichtstörer und kann folglich Adressat einer Maßnahme sein ohne durch eigenes Zutun einen Anlaß gegeben zu haben. Denn der Aufenthalt in Aachen ist als solcher völlig ungefährlich und der Aachener hat keine Möglichkeit, sich dem Eingriffstatbestand durch Verhaltensänderung oder durch normgemäßes Verhalten zu entziehen. Er müßte schon von Aachen nach Köln ziehen, aber dadurch

26 Zur Entindividualisierung schon *O. Lepsius,* Freiheit, Sicherheit und Terror (o. Fn. 8), S 78-81; *ders.*, Risikosteuerung durch Verwaltungsrecht, VVDStRL 63 (2004), S. 264 (283 ff.).
27 Vgl. etwa § 20 BPolG, Art. 10 Abs. 1 PAG. Zu den Grundsätzen der polizeirechtlichen Inanspruchnahme (Handlungs-/Zustandsstörer, Nichtstörer) vgl. etwa *Gusy,* Polizeirecht (o. Fn. 11), Rn. 332 ff., 349 ff., 380 ff.; *O. Lepsius*, Besitz und Sachherrschaft im öffentlichen Recht, 2002, S. 219 ff.
28 *C. Möllers*, Polizeikontrollen ohne Gefahrenverdacht, NVwZ 2005, 382; *K. Waechter*, Die »Schleierfahndung« als Instrument der indirekten Verhaltenssteuerung durch Abschreckung und Verunsicherung, DÖV 1999, 138 ff.: Verunsicherung als zweifelhaftes präventivpolizeiliches Mittel.

wird Aachen nicht sicherer. Mit anderen Worten: Es kommt auf das Verhalten des Einzelnen nicht an. Der Mensch muß Grundrechtseingriffe erdulden, weil er Teil der Gesellschaft ist, nicht aber, weil er sich so oder anders verhalten hat. Das individuelle Verhalten ist bei der Schleierfahndung irrelevant. Nicht auf den Einzelnen kommt es an, sondern auf das diffuse soziale Umfeld. Grenzräume sind sozial diffus, also ist auch Aachen aufgrund seiner Lage kraft Gesetzes solch ein diffuser Raum.
Man kann dieses neue Phänomen der Entindividualisierung auf die Spitze treiben und in der Aussage kulminieren lassen: Der Staat beginnt, seinen Bürgern zu mißtrauen. Individuelle Freiheit beginnt unter einem allgemeinen Sicherheitsvorbehalt zu stehen. Darin liegt eine erhebliche Freiheitsverschiebung im Rechtsstaat.

2. *Die Entrelationierungsthese*

Den zweiten Erklärungsansatz nenne ich die Entrelationierungsthese. Dazu darf etwas weiter ausgeholt werden. Zur verfassungsrechtlichen Überprüfung von Grundrechtseingriffen haben die deutsche Staatsrechtslehre und das Bundesverfassungsgericht ein universelles Prüfprogramm entwickelt, nämlich den Verhältnismäßigkeitsgrundsatz. Danach unterliegt die Rechtfertigung von Grundrechtseingriffen einer Zweck-Mittel-Kontrolle, also einer relationalen Überprüfung. Das Mittel muß zu dem intendierten Zweck verhältnismäßig sein. Dafür müssen drei Voraussetzungen erfüllt sein: (1) Das Mittel muß zur Zweckverfolgung geeignet sein, d.h. es muß das angestrebte Ziel überhaupt erreichen, zumindest aber fördern können. (2) Das Mittel muß zur Zweckverfolgung erforderlich sein, d.h. es darf kein milderes, weniger einschneidendes aber genau so geeignetes Mittel geben. (3) Das Mittel muß angemessen sein (man spricht auch von der Verhältnismäßigkeit im engeren Sinne oder vom Übermaßverbot), d.h. es muß Rechtsgüter verfolgen, die bei einer Abwägung mit den beeinträchtigten Rechtsgütern überwiegen.
Dieses grundrechtliche Prüfprogramm ist eine zentrale Errungenschaft der deutschen Grundrechtstheorie[29] und vielleicht die bedeutendste juristische Erfindung in der zweiten Hälfte des 20. Jahrhunderts,[30] obendrein ein Exportschlager der deutschen Rechtswissenschaft.[31] Mit dem Verhältnismäßigkeitsgrundsatz gelang über Jahrzehnte hinweg ein insgesamt gelungenes Austarieren individueller Freiheitsinteressen mit Gemeinwohlbelangen. Auch ermöglichte der Verhältnismäßigkeitsgrundsatz eine freiheitsfreundliche weite Auslegung der grundrechtlichen Schutzbereiche, die

29 Vgl. statt vieler *B. Schlink*, Der Grundsatz der Verhältnismäßigkeit, in: FS 50 Jahre BVerfG, Bd. II, 2001, S. 445 ff.

30 Vgl. *P. Lerche*, Übermaß und Verfassungsrecht, 2. Aufl. 1999 (1961); *L. Hirschberg*, Der Grundsatz der Verhältnismäßigkeit, 1981; *D. Merten*, Zur verfassungsrechtlichen Herleitung des Verhältnismäßigkeitsprinzips, FS Schambeck, 1994, S. 349 ff.; *B. Schlink*, Der Grundsatz der Verhältnismäßigkeit, FS 50 Jahre BVerfG, Band II, 2001, S. 445 ff.; *M. Kloepfer*, Die Entfaltung des Verhältnismäßigkeitsprinzips, FS 50 Jahre BVerwG, 2003, S. 329 ff.; *R. Poscher*, Grundrechte als Abwehrrechte, 2003, S. 325 ff.

31 Vgl. etwa *J. Kokott*, in: D. Merten/H.-J. Papier, Handbuch der Grundrechte Band I, 2004, § 22 Rn. 98-115; zur Rezeption in Österreich *M. Stelzer*, Das Wesensgehaltsargument und der Grundsatz der Verhältnismäßigkeit, 1991; *G. Kucsko-Stadlmayer*, in: D. Merten/H.-J. Papier, Handbuch der Grundrechte Band VII/1, 2009, § 187 Rn. 97 ff.; zur Rezeption in der Schweiz *M. Schefer*, in: D. Merten/H.-J. Papier, Handbuch der Grundrechte Band VII/2, 2007, § 208 Rn. 97 ff.

zugleich den gesetzgeberischen Handlungsspielraum nicht zu sehr einengte. Das Ausmaß der tatsächlich verbürgten Freiheitsrechte bestimmt sich in Deutschland daher nicht in erster Linie nach den grundrechtlichen Schutzbereichen, sondern einer Verhältnismäßigkeitsprüfung.

Erstaunlich ist nun, daß der Verhältnismäßigkeitsgrundsatz, jenes bewährte Instrumentarium effektiven Grundrechtsschutzes in Deutschland, gegenüber modernen Sicherheitsgesetzen zum Teil leerläuft, weil sich nicht wenige Sicherheitsgesetze einer relationalen Zweck-Mittel-Überprüfung entziehen.[32] Die Relationierung funktioniert nicht mehr und mit ihr entfällt die grundrechtliche Überprüfbarkeit. Vier Konstellationen lassen sich hier verallgemeinern:

a) *Generalklauseln*

Eine Zweck-Mittel-Kontrolle läuft zumindest teilweise leer, wenn der Gesetzgeber Generalklauseln verwendet, weil dort das Mittel nicht hinreichend konkret zum Zweck benannt wird oder gar der Zweck im Dunkeln bleibt. Hier geraten Präventionsgesetze in eine privilegierte Position, weil sie mangels vorliegender Tatsachen notgedrungen über offene Tatbestandsstrukturen verfügen müssen. Aber auch hier gibt es Grenzen: Beim hessischen Gesetz zur automatisierten Kennzeichenabfrage hieß es, diese dürfe »zum Zwecke des Abgleichs mit dem Fahndungsbestand« erfolgen.[33] Hier bleibt der Zweck der Regelung zu unspezifisch als daß er mit dem Mittel in einen Kontrollzusammenhang gebracht werden könnte: Dient die Abfrage präventiven oder repressiven Zwecken, also der Gefahrenabwehr oder der Strafverfolgung? Von der Beantwortung dieser Frage hängt die Bestimmung der Rechtsgüter ab, die bei der Abwägung mit dem Grundrechtseingriff zu berücksichtigen sind. Ging es dem hessischen Gesetzgeber auch darum, gestohlene PKW oder Fahrzeuge ohne Versicherungsschutz zu ermitteln? Ging es ihm also um eine Sachfahndung oder war auch eine Personenfahndung bezweckt? Von der Beantwortung dieser Fragen hängt das jeweils in die Abwägung einzustellende Rechtsgut ab, das mal groß (Verhütung drohender terroristischer Anschläge), mal klein (Diebstahl, Versicherungsschutz) sein kann. Bleibt aber das geschützte Rechtsgut im Dunkeln, läßt sich das Mittel dazu nicht relational bewerten. An dergestalt unbestimmt gefaßten Ermächtigungsnormen scheitert naturgemäß eine Zweck-Mittel-Überprüfung.

b) *Prognostische Tatbestände*

Der Verhältnismäßigkeitsgrundsatz privilegiert überdies Normen des Gefahrenabwehrrechts, weil diese prognostische Tatbestände haben, also naturgemäß Zwecke verfolgen, die sich noch nicht in Tatsachen niedergeschlagen haben, sondern auf die

32 *H.-H. Trute*, Die Erosion des klassischen Polizeirechts durch die polizeiliche Informationsvorsorge, FS Jeand'heur, 1999, S. 403 (408 f.); *T. Groß*, Terrorbekämpfung und Grundrechte: zur Operationalisierung des Verhältnismäßigkeitsgrundsatzes, KJ 35 (2002), 1; *S. Huster/K. Rudolph*, Vom Rechtsstaat zum Präventionsstaat?, in: dies. (o. Fn. 6), S. 9 (18 f.).

33 § 14 Abs. 5 HSOG i.d.F. v. 14.1.2005, GVBl. I, S. 14. Für verfassungswidrig erklärt durch BVerfGE 120, 378 (2008).

Vermeidung bestimmter Zustände gerichtet sind. Dies erschwert die Rechtskontrolle mit einer Zweck-Mittel-Relationierung. Bei einer retrospektiven Zweckrichtung wie bei der Strafverfolgung liegen Tatsachen vor, die zur Rechtskontrolle herangezogen werden können. Bei einer prospektiven Zweckrichtung wie bei der Gefahrenabwehr fehlt es typischerweise an abschließend erkennbaren Zuständen, denn die Maßnahme ist gerade auf die Verhinderung solcher Tatsachen bezogen. Tatsachen können hier zur Rechtskontrolle nur ansatzweise herangezogen werden, etwa als Grundlage der Gefahrenprognose; im übrigen wohnt dem Gefahrenabwehrrecht immer ein spekulatives Moment inne, das in Verlaufshypothesen gründet. Wenn die gesetzliche Zielsetzung in der Verhinderung von Gefahren liegt, ist es dem Gesetzgeber nicht möglich, die Zwecke tatbestandlich zu präzisieren. Mehr als generalklauselartige, auf Gefahrenabwehr bezogene prognostische Tatbestände sind kaum denkbar. Auch ist bei repressivem Handeln eine Zweck-Mittel-Kontrolle leichter möglich als bei präventivem, weil hier die Rechtsgutsverletzung schon feststeht, während es bei einer wirkungsvollen präventiven Maßnahme ja am besten nie zu einer Rechtsgutsverletzung kommt. Die Logik präventiver Tatbestände entflieht daher dem Prüfprogramm des Verhältnismäßigkeitsgrundsatzes.

c) *Geheimhaltung*

Besondere Probleme entstehen außerdem bei der Geheimhaltung, etwa wenn Lageerkenntnisse der Geheimdienste nicht mitgeteilt werden. In diesen Fällen können weder bestimmte Tatsachen noch erkennbare Rechtsgüter die Zweck-Mittel-Kontrolle anleiten. Weder die Erforderlichkeit noch die Geeignetheit einer Maßnahme kann überprüft werden, wenn die Tatsachen und, daraus ableitbar, die gefährdeten Rechtsgüter im Geheimen bleiben. Heimlichkeit schließt eine Überprüfung der Verhältnismäßigkeit aus.

d) *Kollektive Rechtsgüter*

Schließlich scheitert eine Rechtsgüterabwägung auf der Ebene der Angemessenheit, wenn individuelle Freiheitsinteressen mit kollektiven Sicherheitsinteressen abgewogen werden, weil letztere immer überwiegen werden.[34] In diesem Fall knüpft man die Abwägungsbelange bei unterschiedlichen Rechtsträgern an, zum einen beim betroffenen individuellen Grundrechtsträger, zum anderen bei der Summe der Grundrechtsträger und einer Funktionsbedingung für den Freiheitsgebrauch aller. Von einer Abwägbarkeit von Freiheit und Sicherheit kann dann keine Rede mehr sein. Es handelt sich um eine Abwägungsfalle.

Sie öffnet sich insbesondere immer dann, wenn zur Rechtfertigung von Grundrechtseingriffen auf Sicherheit als Rechtsgut abgestellt wird, etwa indem Sicherheit als Voraussetzung für die Ausübung individueller Freiheitsrechte stilisiert wird, man also

34 Vgl. *W. Hoffmann-Riem*, Freiheit und Sicherheit im Angesicht terroristischer Anschläge, ZRP 2002, 497; siehe auch *J. Limbach*, Ist die kollektive Sicherheit der Feind der individuellen Freiheit?, Köln 2002, S. 5, 8-10.

gewissermaßen einen Sicherheitsvorbehalt für die Grundrechtsausübung einführt. Sicherheit ist ein grenzenloses, nie erfüllbares Ideal.[35] Wird es zum Rechtsgut hypostasiert, muß eine damit operierende Abwägung parteilich sein.

Die Abwägungsfalle öffnet sich auch, wenn Sicherheit auf kollektive Rechtsgüter bezogen wird, Freiheit aber nur auf individuelle. Notgedrungen sind dann die Freiheitseingriffe bei wenigen zugunsten von Sicherheitsgewinnen bei allen hinzunehmen. Das Ergebnis der Abwägung ist hier determiniert, was der Natur der Abwägung zuwiderläuft.

Dasselbe gilt, wenn Sicherheit auf die Rechtsfigur der grundrechtlichen Schutzpflichten gestützt wird, weil dann objektive grundrechtliche Belange subjektive Grundrechte egalisieren. Die Konstruktion grundrechtlicher Schutzpflichten – eine richterrechtliche Erfindung des 1. Abtreibungsurteils aus 1975 – lähmt die Verhältnismäßigkeitsprüfung bei Sicherheitsgesetzen.

Und schließlich fehlt es nicht selten an einer genauen rechtlichen Herleitung des Rechtsguts »Sicherheit«, das, wenn man es nicht auf grundrechtliche Schutzpflichten stützt, gerade keine verfassungstextliche Herleitung im Grundgesetz kennt.[36] Allerdings spricht Art. 2 Abs. 1 EUV vom »Raum der Freiheit, der Sicherheit und des Rechts« und Art. 5 Abs. 1 EMRK statuiert: »Jede Person hat das Recht auf Freiheit und Sicherheit.« Sicherheit als rechtlich erheblicher Belang wird mangels verfassungsrechtlicher Herleitbarkeit im Grundgesetz daher oft zu einem Staatszweck[37] oder einer Staatsaufgabe[38] erklärt in Rückführung auf Hobbes.[39] In dieser staatstheoretischen und staatsphilosophischen Funktion ist Sicherheit aber kein abwägungsfähiger Belang mehr und muß Freiheitsrechte übertrumpfen.

In Wahrheit liegt hier eine Ebenenvertauschung von subjektiven Rechtsgütern mit objektiven Staatszwecken vor. Sicherheit stellt dann kein Rechtsgut dar, sondern entwickelt sich zum Ermächtigungsvehikel auf einer unangreifbaren normativen Ebene. Der Begriff der Sicherheit setzt eine juristische Stufe zu hoch an, während der Korrespondenzbegriff der Freiheit auf der nachgeordneten Ebene verharrt – und dort ja auch bleiben muß, soll nicht aus der verfassungsrechtlichen Prüfung ein staatsphilosophischer Diskurs werden.

35 *E. Denninger*, Prävention und Freiheit, in: S. Huster/K. Rudolph (Hrsg.), Präventionsstaat (o. Fn. 6), S. 85 (92).

36 So auch *W. Brugger*, Freiheit und Sicherheit. Eine staatstheoretische Skizze mit praktischen Beispielen, 2004, S. 52, der die verfassungstextliche Lücke freilich durch eine Interpretation von Staatszielbestimmungen und mit objektiven Grundrechtslehren (Schutzpflichten) schließt, ebd., S. 53.

37 *J. Isensee*, in: ders./P. Kirchhof (Hrsg.), Handbuch des Staatsrechts, Band IX, 1997, § 202 Rn. 35; *V. Götz*, Innere Sicherheit, in: ebd., Band IV, 3. Aufl. 2006, § 85 Rn. 18 ff.

38 Dazu *C. Gusy*, Rechtsgüterschutz als Staatsaufgabe, DÖV 1996, 573; *M. Möstl*, Die staatliche Garantie für die öffentliche Sicherheit und Ordnung, 2002, S. 37 ff.

39 Vgl. *W. Brugger* (Fn. 36), S. 21 ff.; *ders.*, Gewährleistung von Freiheit und Sicherheit im Lichte unterschiedlicher Staats- und Verfassungsverständnisse, VVDStRL 63 (2003), 101 (111 ff.).

3. *Die Entdifferenzierungsthese*

Der dritte Erklärungsansatz für das zunehmend asymmetrische Verhältnis von Freiheit und Sicherheit ist die Entdifferenzierungsthese. Auch sie betrifft tektonische Verschiebungen im Freiheitsgefüge des Rechtsstaats.

Freiheit wird nicht nur materiell durch Grundrechte geschützt, sondern auch durch organisatorische und institutionelle Vorkehrungen: durch Zuständigkeitsregelungen und durch Behördenorganisation. Es handelt sich hier um ein klassisches freiheitssicherndes Argument der Gewaltenteilung oder der *checks and balances* bei der Gewaltausübung. Wird die Herrschaftsausübung unterschiedlichen Organen übertragen, gewinnt die individuelle Freiheit, weil die Macht kompetenziell aufgegliedert wird. Auf diesem Grundgedanken: Freiheitssicherung durch institutionelle Ausdifferenzierung, nicht durch materielle Grundrechte, basiert etwa die Verfassungstheorie der Federalist Papers,[40] die zur Grundlage des US-amerikanischen Verfassungsrechts wurde.

In der Bundesrepublik dient insbesondere der föderative Staatsaufbau dieser Machtkontrolle.[41] Dabei bewirkt vor allem die Aufgabenteilung zwischen Bund und Ländern im Verwaltungsrecht einen Freiheitsgewinn durch organisatorische Differenzierung der Kompetenzordnung. Nach dem Grundgesetz liegt die Verwaltungshoheit – von wenigen verfassungsrechtlichen Ausnahmen abgesehen – bei den Ländern; Bundesverwaltung ist ein Sonderfall. Umgekehrt liegt es bei der Gesetzgebungshoheit, die tatsächlich überwiegend dem Bund zusteht, während die Länder, selbst nach der Föderalismusreform I 2004,[42] nur für wenige Bereiche die Gesetzgebungshoheit besitzen, darunter aber für das hier wichtige Gefahrenabwehrrecht. Praktisch heißt dies: Die Zuständigkeiten für Sicherheitsfragen sind im Bundesstaat vielfach aufgeteilt und differenziert. In der Bundesrepublik haben wir es mit 17 Rechtsordnungen zu tun. Für repressive Maßnahmen (Strafverfolgung) besitzt der Bund die Gesetzgebungskompetenz, die Länder aber zum größten Teil die Verwaltungshoheit. Für präventive Maßnahmen (Gefahrenabwehr) liegt auch die Gesetzgebungshoheit bei den Ländern. Eine institutionelle Differenzierung anderer Art besteht zwischen den Geheimdiensten und der Polizei. Man spricht hier vom »Trennungsgebot«[43] das zwar

40 *Alexander Hamilton/James Madison/John Jay*, Die »Federalist Papres«, Darmstadt 1993 (1787/1788), insbes. Nr. 10, 37, 57; vgl. zur Interpretation der Federalist Papers als Institutionenordnung *O. Lepsius*, AöR 120 (1995), 455 ff.

41 Vgl. *K.-E. Hain*, in: v. Mangoldt/Klein/Starck (Hrsg.), Grundgesetz, Band 3, 4. Aufl. 2001, Art. 79 Abs. 3 Rn. 121-125; *M. Jestaedt*, in: J. Isensee/P. Kirchhof (Hrsg.), Handbuch des Staatsrechts, Band II, 3. Aufl. 2004, § 29 Rn. 6.

42 Dazu *H. Meyer*, Die Föderalismusreform 2006, 2008; *ders.*, Föderalismusreform: Wie reformfähig ist unser System?, 2008.

43 *C. v. Denkowski*, Trennungsgebot Polizei-Verfassungsschutz: Grenze für die Gestaltung der Sicherheitsarchitektur?, Kriminalistik 2008, 176; *H. Sandkuhl*, Die Befugnisse von Nachrichtendiensten und Polizei: faktischer Tod dem Trennungsgebot?, FS Rainer Hamm, 2008, S. 615; *C. Gusy*, Trennungsgebot: tatsächliches oder vermeintliches Hindernis für effektive Maßnahmen zur Bekämpfung des internationalen Terrorismus?, Jahrbuch für öffentliche Sicherheit 2008/2009, S. 177; *ders.*, Wächst zusammen was nicht zusammengehört?, Die zunehmende Vernetzung zwischen Polizei und Verfahrensschutz weicht das Trennungsgebot aus, vorgänge 46 (2007), 53; *ders.*, Das verfassungsrechtliche Gebot der Trennung von Polizei- und Verfassungsschutzbehörden, ZRP 1987, 45; *H. P. Bull*, Trennungsgebot und Verknüpfungsbefugnis, FS Volkmar Götz, 2005, S. 341; *K. Baumann*, Vernetzte Terrorismusbekämpfung oder Trennungsgebot?, DVBl. 2005, 798.

nicht verfassungsrechtlich aufgegeben ist,[44] aber ein historisch wichtiges Legat aus dem Nationalsozialismus mit seinem Reichssicherheitshauptamt ist. Jedenfalls folgen, so auch das Bundesverfassungsgericht,[45] aus dem Rechtsstaatsprinzip, dem Bundesstaatsprinzip und dem Schutz der Grundrechte Grenzen, die es verbieten könnten, bestimmte Behörden miteinander zu verschmelzen oder sie mit Aufgaben zu befassen, die mit ihrer verfassungsrechtlichen Aufgabenstellung nicht vereinbar sind. Ausdrücklich verwehrt ist es, die Zentralstellen des Verfassungsschutzes oder des Nachrichtendienstes – angesichts deren andersartiger Aufgaben und Befugnisse – mit einer Vollzugspolizeibehörde zusammenzulegen.[46]

In der modernen Sicherheitsgesetzgebung beobachten wir nun einen Trend, diese rechts- und bundesstaatlichen Differenzierungen zurückzunehmen und durch organisatorische und komptentielle Vernetzungen zu ersetzen.[47] Die Aufteilung auf verschiedene Kompetenzträger wird zunehmend für unzweckmäßig gehalten. Stattdessen erklingt der Ruf nach sog. ganzheitlichen Lösungen, die aus Gründen einheitlicher Sicherheitsgewähr geboten seien. Hier setzt sich die »Globalisierungsperspektive« beim Terrorismus gegenüber der föderativen Aufgabenverteilung durch. So wird etwa die Trennung von Geheimdiensten und Polizei löchrig, wenn den Geheimdiensten inländische Eingriffsbefugnisse zugestanden werden, wie bei der Online-Durchsuchung nach dem Verfassungsschutzgesetz in Nordrhein-Westfalen.[48] So wird die Strafverfolgungshoheit der Länder konterkariert, wenn das Bundeskriminalamt zu einer eigenständigen Ermittlungsbehörde ausgebaut wird und dabei Aufgaben erhält, die in den Bereich der Nachrichtendienste reichen so daß eine Geheimpolizei begründet wird.[49] Um ein weiteres Beispiel zu nennen: Die Kompetenzgrenzen zwischen Repression und Prävention verschwimmen nicht zuletzt in einem Bereich der sog. »Verfolgungsvorsorge«,[50] durch den Bund und Länder ihre Gesetzgebungsbefugnisse jeweils in das ihnen sonst verwehrte Terrain auszudehnen versuchen. Oder man denke an die Vorverlagerung der Strafbarkeit durch Straftatbestände wie § 129a StGB (Unterstützung einer terroristischen Vereinigung).

An der Differenzierung von Prävention und Repression festzuhalten, gebietet sich nicht nur aus kompetentiellen Erwägungen, sondern auch aus Gründen des Individualrechtsschutzes und der jeweils völlig anderen individuellen Zurechnung: Bei der Strafverfolgung erfolgt die Zurechnung streng subjektiv über den Tatvorwurf. Bei der Gefahrenabwehr geht es um objektive Kriterien, nämlich zeitlich und kausal hinreichend wahrscheinliche Schadensverläufe, bei denen subjektive Elemente keine Rolle spielen. Die Tatbestandsstrukturen und die daran anknüpfenden Kontrollregime sind

44 Die Frage wurde offengelassen in BVerfGE 97, 198 (217) – Bahnpolizeireform [1998].
45 BVerfG 97, 198 (217).
46 Ebd.
47 Siehe etwa *C. Gusy*, Die Vernetzung innerer und äußerer Sicherheitsinstitutionen in der Bundesrepublik Deutschland, in: W. Weidenfeld (Hrsg.), Herausforderung Terrorismus, 2004, S. 197.
48 § 5 Abs. 2 Nr. 11 VSG NRW i.d.F. v. 20.6.2006, GV.NW 2006, S. 620; für verfassungswidrig erklärt durch BVerfGE 120, 274 [2008].
49 Dazu *F. Roggan*, Das neue BKA-Gesetz: zur weiteren Zentralisierung der deutschen Sicherheitsarchitektur, NJW 2009, 257; *ders.*, Das neue BKA-Gesetz: Geschäftsgrundlage einer Bundesgeheimpolizei, Bürgerrechte & Polizei 2008, 2, S. 13.
50 Siehe *Trute*, Erosion (o. Fn. 32) S. 405 ff.

daher ganz unterschiedlich. Hier zu nivellieren zöge erhebliche Verluste rechtsstaatlicher Bindungen und individuellen Rechtsschutzes nach sich.
Schließlich sei auf den insbesondere vom Bundesminister des Inneren hartnäckig verfolgten Plan hingewiesen, die Bundeswehr zur Gefahrenabwehr im Innern zu ermächtigen und dafür eine Verfassungsänderung herbeizuführen.
Alle diese hier skizzierten Entwicklungen zeigen eine Tendenz zur Entdifferenzierung bzw. Nivellierung zentraler rechtsstaatlicher Kategorien: von präventiv und repressiv, von Geheimdiensten und Polizei, von Innen und Außen, von Verbrechen und Krieg, oder auch von privat und öffentlich, wenn etwa Private mit Aufgaben der Informationsbeschaffung für Sicherheitsbehörden belastet werden (Telekommunikationsanbieter und Verbindungsdaten; Finanzdienstleister und Kontodaten). Zu schlechter Letzt könnte man noch auf das Vertauschen von Regel und Ausnahme hinweisen, wie es in der verfassungswidrigen Abschußbefugnis des Luftsicherheitsgesetzes zum Ausdruck kam: Die Regel wird von der Ausnahme her gedacht. Den Gesetzgeber beschleicht die Vorstellung, einmalige und in dieser Form nicht wiederholbare Ereignisse durch paßgenaue Ausnahmevorschriften zu verhindern. Wird die Ausnahme aber zur tatbestandlichen Regelsituation, dann wird die Aufgabe der Normsetzung auf den Kopf gestellt. Bekanntlich scheiterte die Formulierung des § 14 Abs. 3 LuftSiG auch an ihrer übertriebenen Verallgemeinerung; sie war schlechterdings nicht geeignet im Sinne des Verhältnismäßigkeitsgrundsatzes.[51]

4. *Zwischenfazit*

Insgesamt lassen sich drei rechtsstaatlich bedenkliche Entwicklungen feststellen, die zu Lasten der Freiheit gehen und die Asymmetrie zugunsten der Sicherheit erzeugen: Entindividualisierung, Entrelationierung und Entdifferenzierung. Bei allen drei Phänomenen handelt es sich nicht um okkasionelle Verschiebungen zugunsten von mehr Sicherheit in gefährlichen Zeiten. Wir dürfen uns nicht täuschen und an eine vorübergehende Neujustierung glauben, mit welcher der Rechtsstaat flexibel auf eine gewalttätige Welt reagiert. Es droht vielmehr ein grundlegender Umbau des Rechtsstaats mit einer Schleifung gerade jener Kategorien, die individuelle Freiheitsrechte sichern.

III. *Gegenmittel*

Was kann man gegen diese Entwicklung tun? Wie sichern wir die Freiheitsrechte? Mit Peter-Alexis Albrecht muß beklagt werden, daß es insgesamt an kritischen Maßstäben fehlt, die man dem Verfall von Rechtsprinzipien entgegensetzen könnte.[52] Wenn die obige Analyse jenes Trends richtig ist, der zur Asymmetrie der Freiheits-

51 BVerfG 115, 118 (155 ff.) – Luftsicherheit [2006]. Dazu noch unten bei III. 2. d).
52 Vgl. *P.-A. Albrecht*, Die vergessene Freiheit, 2003, S. 96.

rechte geführt hat, sollten Gegenmittel an den drei rechtsstaatlich negativen Prozessen ansetzen, die ich als Entindividualisierung, Entrelationierung und Entdifferenzierung beschrieben habe. Es geht mir in erster Linie darum, die Auflösung rechtlicher Formen und rechtsstaatlicher Kategorien zu stoppen.

1. *Bekämpfung der Entindividualisierung*

Gegen die Entindividualisierung vorzugehen, ist mit rein juristischen Mitteln schwierig, denn es handelt sich hier um einen eher rechtstheoretischen Befund, gewissermaßen um Modifikationen des Menschenbildes, das der Rechtsordnung zugrunde gelegt wird. Hier gegenzusteuern bedarf eines kategorialen Bezugs zur Rechtstheorie und Rechtsphilosophie. Mit rein dogmatischen Mitteln wird man schon das Phänomen einer Entindividualisierung kaum begreifen geschweige denn ihm wehren können. Es wäre reizvoll, die moderne Sicherheitsgesetzgebung in rechtstheoretischer Perspektive zu kritisieren; an dieser Stelle würde dies zu weit führen. Ich möchte mich deshalb auf einige Aspekte beschränken, die sowohl rechtstheoretisch relevant als auch dogmatisch anschlußfähig sind – Aspekte, mit denen gegen die Entindividualisierung mit dogmatisch handhabbaren Mitteln vorgegangen werden kann. Die dergestalt auf Gegenmittel »mittlerer Ebene« reduzierte Antwort heißt dann:

a) *Stärkung der klassischen Polizeirechtsdogmatik*

Man muß an den klaren Zurechnungen des allgemeinen Polizeirechts festhalten und die klassische Polizeirechtsdogmatik stärken. Das heißt konkret, die Störersystematik des allgemeinen Polizeirechts mit ihrer klaren individuellen Zurechnung an gefahrverursachende individuelle Handlungen oder individuell bestimmbare Sachherrschaftsverhältnisse über gefahrauslösende Sachen verteidigen.[53] Nicht indes darf aus der Ausnahme des Nichtstörers eine gesellschaftliche Normallage werden.
Das heißt auch, auf dem Nachweis von Kausalbeziehungen zwischen der Sicherheitsmaßnahme und einem individuell zurechenbaren Moment zu bestehen. Das heißt schließlich, die Zeitbezüge beim klassischen Gefahrenbegriff zu beachten, mit anderen Worten, zukünftige Gefahren in eine zeitliche Relation (Wahrscheinlichkeit) zum individuell zurechenbaren Moment zu bringen und sich nicht mit potentiellen Szenarien zu begnügen. Es ist auf dem Nachweis von Tatsachen zu bestehen, die eine Gefahrenprognose rechtfertigen. Im Zeitpunkt der Maßnahme müssen Tatsachen vorliegen, die eine Gefahrenprognose erlauben. Nicht indes genügt eine »allgemeine Bedrohungslage«, wie man sie nach den Anschlägen 2001 weithin angenommen hat. Ließe man sich auf solche Formeln ein, wäre einer Prävention ins Blaue Tür und Tor geöffnet. Die Sicherheitsbehörden bewegten sich dann in einem nicht mehr kontrollierbaren Bereich, weil die Tatsachendimension gelockert, wenn nicht gar ausgeblen-

53 Gegen Entindividualisierung bei der Zurechnung bereits *Lepsius*, Risikosteuerung (o. Fn.26), S. 283-290. Siehe auch *E. Denninger*, Schleierfahndung im Rechtsstaat? (o. Fn.11), S. 16, 22; *Trute*, Erosion (o. Fn. 32), S. 410f.; *K. Waechter*, Die aktuelle Situation des Polizeirechts, JZ 2002, 854 (854 f.).

det ist, die Tatsachendimension jedoch die Grenzen des präventiven Rechtsrahmens ausmacht, weil auf normative Kriterien (betroffene Rechtsgüter) noch nicht abgestellt werden kann. Die Präventionslogik darf nicht soweit ausgedehnt werden, daß die Vermeidung bestimmter Tatsachen zur Selbstrechtfertigung führt.

Es ist daher richtig, daß das Bundesverfassungsgericht bei der Durchführung der Rasterfahndung darauf bestanden hat, daß Tatsachen vorliegen, aus denen sich eine hinreichend wahrscheinliche Gefahr ergibt (etwa für die Vorbereitung oder Durchführung terroristischer Anschläge) und es abgelehnt hat, eine Rasterfahndung auf außenpolitische Spannungslagen oder eine allgemeine Bedrohungslage zu stützen.[54] Selbst bei höchstem Gewicht der drohenden Rechtsgutbeeinträchtigung könne auf das Erfordernis einer hinreichenden Wahrscheinlichkeit nicht verzichtet werden. Als Voraussetzung eines schweren Grundrechtseingriffs muß gewährleistet bleiben, daß Annahmen und Schlußfolgerungen einen konkret umrissenen Ausgangspunkt im Tatsächlichen besitzen. Die Verfassung lasse grundrechtseingreifende Ermittlungen ins Blaue nicht zu.[55] Durch solche Kautelen, die auf den ersten Blick mit individuellen Rechtspositionen wenig zu tun haben (Tatsachengrundlage für Kausalitäts- und Wahrscheinlichkeitsurteile), wird der Entindividualisierung jedoch effektiv vorgebeugt.[56] Man stelle sich vor, es genügte eine allgemeine, nur durch politisches Werturteil oder geheimdienstliche Andeutungen belegte Bedrohungslage für Grundrechtseingriffe. Der Grundrechtseingriff wäre dann je nach der politisch beurteilten Zweckmäßigkeit hinzunehmen. Wird die »allgemeine Bedrohungslage« in Muslimen unter 30 gesehen,[57] dann unterlägen all diese einem entindividualisierten Grundrechtseingriff. Dabei kommt es für die rechtliche Beurteilung nicht darauf an, ob der Grundrechtseingriff beim Einzelnen absolut oder relativ (aufgrund der anonymen großen Streubreite) gering ist.[58] Entscheidend ist die Selbstermächtigung der Behörde, die ermöglicht wird, wenn Gefahrenurteile nicht mehr auf Tatsachen basieren, die wiederum eine Begrenzung des Grundrechtseingriffs ermöglichen (in personeller und in zeitlicher Hinsicht). Neben der Zurechnung der Polizeipflichtigkeit mittels der Störer-Dogmatik ist daher auch der Gefahrenbegriff gegenüber Aufweichungen zu verteidigen.[59]

Man sollte also insgesamt die überkommene polizeirechtliche Kategorienwelt und Begrifflichkeit bewahren und nicht vorschnell meinen, neue Bedrohungen oder ein

54 BVerfGE 115, 320 (360-362) – Rasterfahndung [2006]. Die Zulässigkeit der Rasterfahndung nach dem 11.9.2001 wurde in den Ländern uneinheitlich beurteilt. Manche Gerichte nahmen eine gegenwärtige Gefahr für Leib und Leben an, manche nicht. Auch waren die tatbestandlichen Voraussetzungen (Gefahrbegriff) nicht in allen Landesgesetzen gleich. Für die Zulässigkeit: OVG Koblenz, DÖV 2002, 743; OVG Bremen, NordÖR 2002, 372; KG, DVBL. 2002, 996; HessStGH, NVwZ 2006, 685; dagegen OLG Düsseldorf, DuD 2002, 244; OLG Frankfurt, NVwZ 2002, 626. Überblick über die Rspr. bei *M.-E. Geis/M. Möller*, »Krieg gegen den Terrorismus« in Baden-Württemberg, Die Verwaltung 37 (2004), 431 (438 ff.).

55 BVerfGE 115, 320 (361) – Rasterfahndung [2006].

56 Ähnlich auch *E. Denninger*, Schleierfahndung im Rechtsstaat? (o. Fn. 11), S. 16 f.

57 Erhellend zu den Rahmenbedingungen der Rasterfahndung nach dem 11.9.2001: *Geis/Möller* (o. Fn. 54), S. 431-436.

58 Darauf stellt das Sondervotum von *E. Haas* ab, BVerfGE 115, 320 (371 ff.).

59 In diesem Sinne auch: *Trute*, Erosion (o. Fn. 32), S. 406ff.; *C. Möllers*, ThürVBl. 2000, 41 (42); *D. Kugelmann*, Der polizeiliche Gefahrenbegriff in Gefahr?, DÖV 2003, 781.

irgendwie gestalteter Wandel verlangten nach einer »modernen«, »sachadäquaten« oder »wirklichkeitsgerechten« neuen Begrifflichkeit.

b) *Vermeidung von Meta-Diskursen*

Verallgemeinert bedeutet diese Einsicht: Man darf sich nicht auf neue Logiken der Prävention einlassen oder ein Vorsorge-Recht entwickeln, das mit reduzierten Zurechnungs- und Kausalvoraussetzungen arbeitet.[60] Sonst gehen nicht nur zentrale rechtsstaatliche Sicherungen verloren, die auf der Tatsachenbasis als rechtlichem Kontrollinstrument liegen, sondern es gäbe auch keine rechtliche Grenze mehr, die davor schützte, den Menschen prinzipiell zum Risiko zu erklären.[61] Schließlich ist das Verhalten des Menschen unberechenbar – was gerade die individuelle Handlungsfreiheit widerspiegelt. Bezogen auf eine rechtstheoretische Ebene heißt dies auch: Man sollte sich nicht einlassen auf ganzheitliche Ansätze oder ein Denken in Netzwerkstrukturen, weil hier eine Multipolarität zum System erhoben wird und die feineren rechtsstaatlichen Differenzierungen nivelliert werden.

Zurückhaltung empfiehlt sich auch wenn mit Topoi einer überindividuellen Metaebene bei der Rechtsbegründung gearbeitet wird, etwa die Dichotomie »Staat-Gesellschaft« herangezogen wird. Sie ist ein Indiz für eine Verlagerung der Problemstellung auf eine Ebene, auf der subjektive Rechte und Individualinteressen kollektiviert werden und dann notgedrungen untergehen, weil sie zum Ausdruck gesellschaftlicher Funktionen werden. Stattdessen sollte die Argumentation nicht hochgezont werden, sondern auf einer mittleren Ebene verbleiben. Konkret heißt dies, daß an Stelle von »Staat« oder »Gesellschaft«, »Netzwerken« oder »Ganzheitlichkeit« abzustellen ist auf Kompetenzträger, Verfahren, subjektive Rechte. Würde man sich hingegen auf eine nivellierende Begrifflichkeit einlassen, etwa mit Topoi wie »Staat« und »Sicherheit« argumentieren, gingen entscheidende rechtsstaatliche Differenzierungen verloren. Denn »Staat« kann vielerlei sei: der Bund, die Länder, die Gemeinden; Behörden, Gerichte, Parlamente; Kollektivorgane, Amtsträger, Private (Beliehene oder In-Dienst-Genommene Banken bzw. TK-Dienstleister). Wer den Begriff des »Staates« in polizeirechtlichen Kontexten verwendet, will nicht sagen, um wen es geht. Föderative und gewaltenteilende Differenzierungen werden ausgeblendet. Für die Wahrung der individuellen Freiheit ist dies schädlich, weil gerade in der kompetentiellen und organisatorischen Differenzierung ein klassisches Element des Freiheitsschutzes liegt.

Ähnliches gilt für den Begriff der Sicherheit; auch hier ist einer präziseren Begrifflichkeit der Vorzug zu geben, da der Begriff der Sicherheit vieles meinen kann: innere Sicherheit oder äußere Sicherheit, Gefahrenabwehr oder Strafverfolgung, Rechtssi-

60 Dagegen schon weitsichtig *D. Grimm*, Verfassungsrechtliche Anmerkungen zum Thema Prävention, in: ders., Die Zukunft der Verfassung, 1991, S. 197ff., 218. Vgl. *R. Wahl/I. Appel*, Prävention und Vorsorge in: R. Wahl (Hrsg.), Prävention und Vorsorge, 1995, S. 49 ff.; *E. Denninger*, Der Präventions-Staat, KJ 1988, 1 (3). Bestandsaufnahme bei *F. Schoch*, Abschied vom Polizeirecht des liberalen Rechtsstaats?, Der Staat 43 (2004), 347 (350 ff.).

61 Dazu bereits *M. M. Wambach* (Hrsg.) Der Mensch als Risiko, 1983; siehe im Kontext der Risiko-Debatte auch *O. Lepsius*, Risikosteuerung (o. Fn. 26), S. 307 f.; *K. Breymann*, Prävention als Risiko, ZRP 2006, 216.

cherheit oder Rechtsgütersicherheit. Mit der intendierten Begriffsverwendung ändert sich aber die rechtsstaatliche Verarbeitung des »Sicherheitsproblems«. Innen und außen, Prävention und Repression, faktische oder normative Sicherheit führen zu jeweils unterschiedlichen juristischen Anknüpfungspunkten, Rationalitäten und dementsprechend unterschiedlich ausgestalteten Rechtfertigungen und Kontrollmechanismen. Erneut: Eine pauschale Begriffsverwendung von »Sicherheit« überspielt rechtsstaatliche Differenzierungen, die auch dem Individualrechtsschutz dienen.

c) *Sicherheit nicht abwägbar*

Wer sich auf die Argumentation mit Sicherheit als einem verfassungsrechtlichen Belang einläßt, verliert vor allem individualschützende rechtsstaatliche Kategorien aus dem Blick. Das verdeutlicht das Urteil des Bundesverfassungsgerichts zur Auslands-Telefonüberwachung von 1999. Dort hatte das Gericht »Sicherheit« als abwägungsfähiges Rechtsgut bei der Angemessenheitsprüfung akzeptiert mit dem Ergebnis der verfassungsrechtlichen Zulässigkeit der Grundrechtseingriffe.[62] Das Gericht überantwortete die rechtliche Konturierung der Sicherheit der gesetzgeberischen Gestaltung. Der Gesetzgeber ist darin nur durch tatsächliche internationale Gefahren faktisch beschränkt, die das Gericht als vorhanden unterstellt, nicht aber durch normative verfassungsrechtliche Kriterien, die das Gericht kontrollieren könnte. Die Erfahrung dieser Entscheidung zeigt, daß »Sicherheit« kein abwägungsfähiger Belang ist, gerade weil unklar bleibt, auf welche Rechtsgüter sie sich bezieht und welche Tatsachenintensität sie voraussetzt.[63] Gerade diese Entscheidung belegt, daß sich »Sicherheit« und Freiheit nicht abwägen lassen, weil ungleiche Güter gegenübergestellt werden: subjektive Rechte und objektive Belange. Hinzu kommt, daß sich Sicherheit nicht positiv, sondern nur negativ als Abwehr von Gefahren tatbestandlich definieren läßt. Daher bleibt die Definition der Gefahr und die mit ihr verbundene individuelle Zurechnung wichtig und darf nicht übergangen werden. Beim internationalen Terrorismus aber löst der Nachweis einer (hinreichend konkreten) Gefahr genau das Tatsachenproblem aus, das zugunsten einer vorverlagerten Prävention umgangen werden soll. Es ist daher begrüßenswert, daß der Erste Senat diese eingriffsfreundliche Rechtsprechung[64] nicht fortgeführt hat, sondern bei der Überprüfung der späteren Anti-Terrorismusgesetze zu Recht überwiegend an individualisierbaren Kriterien festgehalten (Geeignetheit/Erforderlichkeit, Intensität des Grundrechtseingriff mit Berücksichtigung summierender Effekte, Gefahrenbegriff, Tatsachengrundlage, Heimlichkeit).

d) *Zusammenfassung: Beweislastumkehr zugunsten der Freiheit*

Gegenüber Entindividualisierungen hilft nur eine Strategie, die die Beweislast zugunsten der Freiheit umkehrt. Dies gelingt durch das Festhalten an den individualbezoge-

62 BVerfGE 100, 313 (360, 372) – Auslands-Telefonüberwachung [1999].
63 Vgl. *O. Lepsius*, Freiheit, Sicherheit und Terror (o. Fn. 8) S. 86-88.
64 Dies verdeutlicht die Angemessenheitsprüfung, bei der Sicherheitsbelange durch die gewählte Rechtsgüterkonstellation von vornherein überwiegen, vgl. BVerfGE 100, 313 (382 f.). Ähnlich auch BVerfGE 49, 24 (53) – Kontaktsperre [1978].

nen Kategorien des Polizeirechts (Störer, Gefahr) wie des Verfassungsrechts (Grundrechte als subjektive Abwehrrechte, keine objektiven Belange als eingriffsrechtfertigende Rechtsgüter, keine staatstheoretischen Kategorien). Dies gelingt auch durch das semantische Festhalten an einer in den Augen mancher vermeintlich altmodischen Begrifflichkeit bzw. einer Zurückhaltung gegenüber sich wirklichkeitsnäher gebenden rechtstheoretischen Beschreibungsansätzen, in denen individuelle Rechtspositionen unter einem Gesellschaftsvorbehalt stehen oder andersartig kollektiviert werden.

2. *Bekämpfung der Entrelationierung*

Hier kann mit Mitteln der Rechtsdogmatik eine Menge getan werden und die Mittel sind im wesentlichen in der neueren Rechtsprechung des Bundesverfassungsgerichts enthalten. Das Gericht hat insofern aus seiner Entscheidung zur Auslands-Telefonüberwachung 1999 Schlüsse gezogen und die Sicherheitsgesetzgebung nach 2001 strengeren Maßstäben unterzogen als zuvor. Jedenfalls ist die Verfassungsrechtsprechung nicht mehr in die Abwägungsfalle geraten, die noch 1999 entstand, weil rechtlich nicht näher begründete objektive Belange (Bekämpfung der organisierten Kriminalität, Gefahren des internationalen Terrorismus) mit subjektiven Freiheitsrechten in ein Angemessenheitsverhältnis gesetzt wurden. Damals wurde Inkommensurables eingestellt. Die neuere Karlsruher Rechtsprechung hat daraus gelernt und bezieht innerhalb der Verhältnismäßigkeitsprüfung die Aspekte der Tatsachen nur auf die dafür relevanten Prüfungsstufen (Geeignetheit, Erforderlichkeit), nicht mehr aber auf die genuin normative Stufe der Angemessenheit. Der Entrelationierung läßt sich innerhalb der Grundrechtsdogmatik daher wirksam entgegentreten.

a) *Abwägungsresistente Freiheitsbereiche*

Angesichts der Intensität der Grundrechtseingriffe, die den individuellen Freiheitsraum gleichermaßen im Sozialen wie im Privaten verkürzen und zur gesellschaftlichen Verunsicherung führen (Einschüchterungseffekte, Heimlichkeit) empfiehlt es sich, abwägungsresistente Freiheitsbereiche einzuführen. Hier allerdings ist das Bundesverfassungsgericht Gefangener seiner eigenen Grundrechtsdogmatik, die bei der Rechtfertigung von Grundrechtseingriffen prinzipiell dem Verhältnismäßigkeitsgrundsatz folgt. Dadurch unterliegen (anders als etwa in den USA) alle Grundrechte der Abwägung. Wenn es jedoch zu abwägungsrechtlichen Disproportionalitäten kommt und insbesondere die Sicherheitsgesetzgebung dafür anfällig ist, dann muß die Grundrechtsdogmatik darauf reagieren.
Die Reaktion des Bundesverfassungsgerichts besteht in der Anerkennung von Kernbereichen privater Lebensgestaltung, die jeweils in die einzelnen Grundrechte implantiert werden:[65] in das Grundrecht auf Unverletzlichkeit der Wohnung (Art. 13

65 Vgl. dazu *M. Warntjen*, Heimliche Zwangsmaßnahmen und der Kernbereich privater Lebensgestaltung, 2007, S. 48 ff.; *ders*., Der Kernbereichsschutz nach dem Online-Durchsuchungsurteil, in: F. Roggan (Hrsg.), Online-Durchsuchungen, 2008, S. 57; relativierend: *M. Baldus*, Der Kernbereich privater Lebensgestaltung: absolut geschützt aber abwägungsoffen, JZ 2008, 218.

GG),[66] die Telekommunikationsfreiheit (Art. 10 GG)[67] oder das Recht auf informationelle Selbstbestimmung.[68] In diesen Fällen hat das Bundesverfassungsgericht besondere Vorkehrungen zum Schutz des Kernbereichs der privaten Lebensgestaltung entwickelt. Man darf der Rechtsprechung des Ersten Senats das Bemühen entnehmen, innerhalb der Freiheitsbereiche besonders sensible Kernbereiche zu definieren, bei denen eine Verhältnismäßigkeitsprüfung verschärften Rechtfertigungshürden unterliegt oder eine Rechtsgüterabwägung sogar grundsätzlich ausscheidet. Innerhalb der Grundrechte wird damit eine Schutzbereichsdifferenzierung eingeführt ohne daß deswegen eine Rechtfertigung von Grundrechtseingriffen nach den Grundsätzen der Verhältnismäßigkeit ausschiede. Es gibt gewissermaßen einen »Schutzbereich 1. Klasse«, der Verhaltensformen erfaßt, die einen besonderen Bezug zur privaten Lebensgestaltung aufweisen. Die Entwicklung trifft sich hier mit einem anderen Trend, nämlich von »Gewährleistungsbereichen« statt Schutzbereichen zu sprechen.[69]

Mit diesem Kernbereichsdenken reagiert das Bundesverfassungsgericht auf seine freiheitsfreundliche Ausgestaltung grundrechtlicher Schutzbereiche, die im Laufe der Jahrzehnte zur Ausdehnung des Grundrechtsschutzes auch auf Randbereiche der grundrechtlichen Gewährleistung geführt hat (Lumpensammeln bei der Religionsfreiheit, Reiten im Walde bei der allgemeinen Handlungsfreiheit etc.). Mit der Ausdehnung der grundrechtlichen Schutzbereiche einher ging notgedrungen eine Ausdehnung der grundrechtlichen Gesetzesvorbehalte, so daß die Summe des Freiheitsschutzes sich insgesamt nicht wirklich erhöht hat: Dem Ausbau des Grundrechtsschutzes korrespondierte eine Ausdehnung der Eingriffsrechtfertigung. Über das tatsächliche Maß des Freiheitsschutzes entschied der Verhältnismäßigkeitsgrundsatz. Dort kamen bei der Abwägung dann graduell abgestufte Maßstäbe zur Anwendung, je nach der Bedeutung des geschützten Verhaltens für das Individuum oder seine Symbolkraft in der Gesellschaft bzw. je nach der Intensität des Eingriffs. Anders gewendet: Probleme der Schutzbereichsbestimmung wurden auf die Rechtfertigungsebene verlagert. Um hier nun wieder klareren Grund zu gewinnen und einen Weg aus der Graduierung der Rechtfertigung zu finden, bleibt nur der Weg, Schutzbereiche deutlicher zu konturieren, also zu tun, wovor sich das Gericht lange gescheut hat, nämlich Werturteile über die Vorzugswürdigkeit bestimmter Formen des Freiheitsgebrauchs zu treffen.

66 BVerfGE 109, 279 (318) – großer Lauschangriff [2004].
67 BVerfGE 113, 348 (391 f.) – präventive Telefonüberwachung [2005].
68 BVerfGE 120, 274 (336 ff.) – Online-Durchsuchung [2008].
69 Vgl. *W. Hoffmann-Riem*, Enge oder weite Gewährleistungsgehalte der Grundrechte? in: M. Bäuerle u.a. (Hrsg.), Haben wir wirklich Recht?, 2003, 53 (54 ff.); *ders.*, Grundrechtsanwendung unter Rationalitätsanspruch, Der Staat 43 (2004), 203 (208ff.). Die Literatur steht solchen Bestrebungen insbes. des Ersten Senats des BVerfG überwiegend skeptisch gegenüber, vgl. *W. Höfling*, Kopernikanische Wende rückwärts?, in: S. Muckel (Hrsg.), Kirche und Religion im sozialen Rechtsstaat, 2003, 329 (331ff.); *W. Kahl*, Vom weiten Schutzbereich zum engen Gewährleistungsgehalt, Der Staat 43 (2004), 167 (184 ff.), mit einer Analyse der Rechtsprechung bis 2003 (170 ff.); *C. Möllers*, Wandel der Grundrechtsjudikatur: eine Analyse der Rechtsprechung des Ersten Senats des BVerfG, NJW 2005, 1973-1979. Als Gegenentwurf verstanden werden kann auch *R. Poscher*, Grundrechte als Abwehrrechte, 2003; eine differenzierte Beschreibung der Kontroverse bietet *U. Volkmann*, Veränderungen der Grundrechtsdogmatik, JZ 2005, 261 (264 ff.).

Um die hier drohende Gefahr eines Grundrechtsschutzes nach richterlicher Freiheitsdefinition zu umgehen, greift das Gericht zur Begründung persönlichkeitsrelevanter Kernbereiche privater Lebensgestaltung auf den Menschenwürdesatz des Art. 1 Abs. 1 Satz 1 GG zurück. Dieser wird mit den Schutzbereichen anderer Freiheitsrechte zu Kombinationsrechten verbunden.[70] Im Urteil zum großen Lauschangriff heißt das neue Kernbereichsgrundrecht dann »Art. 13 Abs. 1 i.V.m. Art. 1 Abs. 1 und Art. 2 Abs. 1 GG«. Auf diese Weise wird in die Schutzbereiche der Einzelgrundrechte eine privilegierte, abwägungsresistente Zone eingeführt.
Prinzipiell ist dieser Ansatz geeignet, Entrelationierungstendenzen entgegenzutreten. Freilich verlagert er die entscheidungserheblichen Fragen teilweise auf andere Ebenen, nämlich von der Verhältnismäßigkeit auf die Ebene der Schutzbereichsbestimmung. Dort stellt sich das Problem, wie weit individuelle Freiheitsrechte gegenüber kollektiven Sicherheitsbelangen den Vorrang verdienen in anderer Blickrichtung. Es kann jetzt nicht mehr Freiheit im Verhältnis zu anderen Gemeinwohlbelangen beurteilt werden, sondern die Reichweite des Freiheitsgebrauchs muß aus sich selbst heraus begründet werden. An die Stelle situativer Überlegungen (Verhältnismäßigkeit) treten absolute Begründungserfordernisse. Dies erschwert naturgemäß die Herleitung und Subsumtion des Kernbereichsdenkens.
Bereits im Urteil zum großen Lauschangriff sprach der Senat nicht mit einer Zunge, wie der Kernbereich privater Lebensgestaltung bestimmt werden solle. Die Mehrheit stellte auf verhaltensbezogene Kriterien ab. Im Lichte eines »Kernbereichs privater Lebensgestaltung« ist dies plausibel. Im Zusammenhang mit dem räumlichen und gerade nicht verhaltensbezogenen Schutz des beim Lauschangriff einschlägigen Grundrechts auf Unverletzlichkeit der Wohnung überzeugt dieses Kriterium aber nicht. Es setzt außerdem einen Kontrolleingriff voraus, der dem Kernbereichsgedanken widerspricht. Die Senatsminderheit stellte auf raumbezogene Kriterien ab, was wiederum für den Schutzbereich des Art. 13 GG paßt, aber den Kernbereichsgedanken nicht trifft.[71] Hier sind grundrechtsspezifische Schwierigkeiten vorgezeichnet. Schließlich führt die dogmatische Anbindung der Kernbereiche an Art. 1 Abs. 1 GG dazu, daß der Problemplafond des Menschenwürdesatzes importiert wird.

b) *Spezielle grundrechtliche Schutzbereiche*

Was hier passiert ist im Grunde eine partielle Änderung der deutschen Grundrechtsdogmatik, die sich von der Zentrierung auf die Rechtfertigungsebene zu einem Denken in abgeschichteten und ausdifferenzierten Schutzbereichen bewegt. Diese Entwicklung darf als Reaktion auf qualitativ veränderte Grundrechtseingriffe verstanden werden, denen man eben nicht mehr mit weiten Schutzbereichen und Eingriffsrechtfertigungen bzw. einer Angemessenheitsprüfung gerecht werden kann. Der moderne »Sicherheitsstaat« bewirkt eine Modifikation der Grundrechtsdogmatik – und das ist angesichts der neuen Freiheitseingriffe nachvollziehbar. Die Bestimmung speziellerer

70 Kritisch dazu *S. Augsberg*, Kombinationsgrundrechte: die Verdoppelung von Grundrechtstatbeständen als Herausforderung für die Grundrechtsdogmatik, AöR 132 (2007), 539.
71 Einerseits: BVerfGE 109, 279 (319 f.), andererseits Sondervotum Jaeger/Hohmann-Dennhardt BVerfGE 109, 382 (382 f.).

Schutzbereiche wird daher eine zweite Strategie sein, um der Entrelationierung vorzubeugen. Dafür spricht folgendes: Grundrechte mit spezielleren, engeren Schutzbereichen erweisen sich als vergleichsweise freiheitsfest. Man denke an das erst 1983 im Volkszählungsurteil erfundene Recht auf informationelle Selbstbestimmung,[72] das sich gerade gegenüber modernen Sicherheitsgesetzen als erstaunlich scharfe Waffe erweist, obwohl es formell einem einfachen Gesetzesvorbehalt unterliegt. Der Grund liegt darin, daß es keinen pauschalen Datenschutz gewährt, sondern bestimmte Schutzbereichsebenen ausdifferenziert, die eigenständige Rechtfertigungsvoraussetzungen für Grundrechtseingriffe aufweisen: Datenerhebung, Datenverarbeitung und Datenverwertung lösen je eigene, spezielle Gesetzesvorbehalte aus. Die Ausbildung spezieller Freiheitsrechte ist daher ein wirksames Mittel, um die Balance von Sicherheit und Freiheit wiederzugewinnen.

Nimmt man beide Entwicklungen ernst, den privilegierten Schutz eines Kernbereichs privater Lebensgestaltung und die Ausbildung spezieller Schutzbereiche beim Recht auf informationelle Selbstbestimmung, so drängt sich die Prognose auf, daß es bis zur Entwicklung eines neuen Grundrechts auf Privatheit mit einer entsprechenden Binnendifferenzierung nicht mehr weit sein kann. Ein Grundrecht auf Privatheit wäre die angemessene freiheitsrechtliche Reaktion auf die sicherheitsbezogenen Grundrechtseingriffe der letzten Jahre und dem daraus entstandenen Problem, daß die überkommenen Schutzbereiche gegen die spezifischen Freiheitsverkürzungen offenbar teilweise leerlaufen. Hier muß die grundrechtliche Waffengleichheit wiederhergestellt werden. Insofern verstehe ich neuere Aspekte wie das Kernbereichsdenken oder die Gradualisierung nach der Eingriffsintensität bei der Verhältnismäßigkeitsprüfung als Zwischenschritte auf dem Weg zu einem Grundrecht mit dem auf die spezifischen Eingriffsformen der Sicherheitsgesetzgebung (Streubreite, Heimlichkeit, Persönlichkeitsprofile) reagiert wird. Auf diese Gefahren ist die deutsche Grundrechtsdogmatik nicht hinreichend eingestellt, weil der Staat zuvor nicht in breitem Umfang im Geheimen handelte, die heute übliche Streubreite undenkbar war und Grundrechtseingriffe auf sinnlich und nicht elektronisch Wahrnehmbares beschränkt waren.

Ein Grundrecht auf Privatheit schlösse im übrigen eine Lücke im deutschen Grundrechtsschutz, wie sich insbesondere bei einem Blick auf andere Grundrechtskataloge zeigt, die einen speziellen Schutz der Privatheit kennen, etwa Art. 8 EMRK, Art. 7 GrChEU oder das US-amerikanische *right to privacy*. Weder die allgemeine Handlungsfreiheit des Grundgesetzes noch die speziellen Rechte aus Art. 2 Abs. 1 i.V.m. Art. 1 Abs. 1 GG (informationelle Selbstbestimmung, allgemeines Persönlichkeitsrecht) fangen diese Lücke momentan auf. Der verfassungsrechtliche Anknüpfungspunkt für ein Grundrecht auf Privatheit könnte einerseits erneut in Art. 2 Abs. 1 i.V.m. Art. 1 Abs. 1 GG liegen. Er könnte sich andererseits auf eine Zusammenführung der bereits verfassungsrechtlich anerkannten Kernbereiche aus Art. 10 und 13 GG stützen, was den Vorteil qualifizierterer Gesetzesvorbehalte hätte.

72 BVerfGE 65,1 (41 ff.) – Volkszählung [1983].

c) *Bedeutung von Tatsachen*

Nicht unterschätzen sollte man die Bedeutung von Tatsachen für die Sicherung individueller Freiheitsrechte. Die Rechtfertigung moderner Sicherheitsgesetze beruht zu einem erheblichen Teil auf einer unklaren Tatsachengrundlage, auf der Verunsicherung, auf Vermutungen und Angst vor neuen Anschlägen. Prävention und Vorsorgegedanke sind ihrer Natur nach tatsachenavers, denn sie wollen, daß bestimmte Tatsachen erst gar nicht eintreten. Wer vorsorgen will, muß Gefahren wittern, wo noch keine sind. Deshalb lassen wir bei der Rechtfertigung präventiver Maßnahmen im Bereich des Tatsächlichen Abstriche zu. Man kann nicht warten bis Endgültiges passiert; es muß gehandelt werden, bevor es zu spät ist. Im präventiven Bereich wird das Handeln daher von Vermutungen und Prognosen geleitet – anders als im repressiven Bereich, der sich gerade auf Abgeschlossenes stützen kann.
Für die Wahrung von Freiheitssphären ist es daher wichtig, so viele Tatsachen zu kennen wie möglich und den rechtlich relevanten Bereich der Vermutung hinauszuschieben. Sicherheitsmaßnahmen haben eine desto größere Rechtfertigungschance, je tatsachenbasierter sie sind. Daraus folgt z.B. umgekehrt: Heimliche Maßnahmen oder Maßnahmen, die auf im Geheimen bleibende Informationen gestützt werden, unterliegen erschwerten Rechtfertigungsbedingungen. Es darf nicht zu einer Situation kommen, in der man sich bei der Bekämpfung der organisierten Kriminalität oder des islamischen Terrorismus mit allgemeinen Einschätzungen und Vermutungen (»allgemeine Bedrohungslage«) zufrieden gibt und Tatsachen nicht mehr einfordert. Teilweise wird solch eine Genügsamkeit akzeptiert, wie etwa die länderspezifische Rechtsprechung zur Rasterfahndung verdeutlicht.[73] Auch das Handeln von Geheimdiensten wird hier typischerweise privilegiert: Geheimdienste müssen immer behaupten, ihre Erkenntnisse seien geheim, weil andernfalls die Existenz ihrer Organisation auf dem Spiel steht. Dadurch haben Geheimdienste, ob sie es wollen und wissen oder nicht, eine Rechtsstaats-feindliche Eigenheit, weil der Rechtsstaat grundsätzlich nicht heimlich handelt, aus dem Geheimnis aber Nachrichtendienste ihre Legitimation herleiten. Ihre Geheimhaltung ist nicht prinzipiell aus der Sache geboten, sondern aus der gewählten Organisationsform.

d) *Tatsachen und Verhältnismäßigkeit*

Das Einfordern von Tatsachen ist ein äußerst wirksamer Freiheitsschutz. Verfassungsrechtlich umgesetzt wird dies bei der Behandlung von Geeignetheit und Erforderlichkeit innerhalb der Verhältnismäßigkeitsprüfung. Beim Verhältnismäßigkeitsgrundsatz lassen sich die Prüfungsstufen der Geeignetheit und Erforderlichkeit nur bei hinreichend bekannter Tatsachengrundlage durchführen. Nur dann kann nämlich überprüft werden, ob das Mittel zum angestrebten Zweck verhältnismäßig ist. Das Einfordern von Tatsachen geht einher mit der Aufwertung dieser beiden Prüfungsstufen beim Verhältnismäßigkeitsgrundsatz.

73 Vgl. o. Fn. 16.

Die neuere Rechtsprechung belegt solche Aufwertungstendenzen. Jahrzehntelang wurde der Verhältnismäßigkeitsgrundsatz fast ausschließlich auf der Prüfungsstufe der Angemessenheit ergebnisrelevant. Über die Geeignetheit und Erforderlichkeit der Maßnahme machte sich das Bundesverfassungsgericht selten Gedanken, wohl auch, weil es die dafür erforderlichen Tatsachen nicht kannte und auch nicht selbst erheben konnte. Dies hat sich inzwischen geändert. Tatsachenerwägungen spielen heute eine erheblich größere Rolle. Sie entscheiden mitunter die Rechtsfragen.

Bestes Beispiel ist das Urteil zur Abschußbefugnis im Luftsicherheitsgesetz aus 2006. Ihre Nichtigkeit beruht auf der Unverhältnismäßigkeit der Regelung am Maßstab der Geeignetheit und Erforderlichkeit und nicht nur auf einer Verletzung der Menschenwürde. In der Literatur wurde das Urteil überwiegend für die Argumentation mit dem Menschenwürdesatz kritisiert.[74] Weithin übersehen wurde dabei, daß dieses Argument nicht entscheidungserheblich gewesen ist, sondern das Ergebnis nur flankierte. Die Verfassungswidrigkeit ergab sich schon aus der fehlenden Geeignetheit und Erforderlichkeit des Abschusses für das Erreichen des gesetzlich vorgestellten Zwecks.[75] Diese Frage wurde maßgeblich anhand von Tatsachen entschieden:

Wie der Senat darlegt, ist das tatbestandliche Szenario des § 14 Abs. 3 LuftSiG unrealistisch, weil der für den Abschußbefehl zuständige Minister die für die Maßnahme erforderlichen Informationen nicht erhalten kann und seine Entscheidung daher spekulativ bleibt. Angesichts der drohenden Rechtsgutsverletzung genügt eine solch unsichere Entscheidungsgrundlage nicht.[76] Bei der Erlangung der abschußrelevanten Tatsachen kann der Minister nicht auf Informationen aus dem Cockpit bauen (denn weder die Entführer noch die Piloten – die sonst mit dem Abschuß rechnen müßten – werden Auskünfte geben). Objektive Hinweise (Verlust des Funkkontakts, Kursabweichung) passieren im deutschen Luftraum täglich, so daß sie als Prognosegrundlage ausscheiden. Auch Kampfpiloten haben keinen Einblick ins Cockpit. Über die Situation wird man also erst Gewißheit erlangen, wenn das Flugzeug unweigerlich vor dem Aufschlag steht. Und selbst dann ist unklar, wann genau es abgeschossen werden muß, damit der Abschuß das mildeste Mittel ist (§ 14 Abs. 2 LuftSiG) und nicht auf dem Boden Tausende Unschuldiger ums Leben kommen. Klarheit herrscht demnach nur über eins: den Tod der Menschen an Bord. Über den bezweckten Erfolg der Maßnahme hingegen besteht bis zuletzt Ungewißheit. Mit anderen Worten: Die gesetzliche Regelung fordert keine hinreichende Prognosesicherheit, sondern sie regelt einen Sachverhalt, der unklar bleibt. Hier muß nur festgehalten werden, daß es die fehlende Tatsachengrundlage war, welche die gesetzliche Regelung zum Scheitern brachte. In den Worten des Ersten Senats: »Nach den Erkenntnissen, die der Senat auf Grund der im Verfahren abgegebenen schriftlichen Stellungnahmen und der Äußerungen in der mündlichen Verhandlung gewonnen hat, kann nicht davon ausgegangen werden, dass die tatsächlichen Voraussetzungen für die Anordnung und Durchführung einer sol-

74 Besprechungen der Entscheidung durch *W.-R. Schenke*, NJW 2006, 736; *M. Baldus*, NVwZ 2006, 532; *D. Winkler*, NVwZ 2006, 536; *C. Gramm*, DVBl. 2006, 653; *K. Baumann*, JURA 2006, 447.

75 *O. Lepsius*, Das Luftsicherheitsgesetz und das Grundgesetz, in: F. Roggan (Hrsg.), Mit Recht für Menschenwürde und Verfassungsstaat, 2006, S. 47 (64-67).

76 BVerfGE 115, 118 (154-159) – Luftsicherheit [2006].

chen Maßnahme stets mit der dafür erforderlichen Gewissheit festgestellt werden können.«[77]

Man sollte daher die Argumentationskraft von Tatsachen nicht unterschätzen, besonders wenn es um prognostische Rechtsfragen geht wie beim Gefahrenabwehrrecht. Rechtsdogmatischer Verwertungspunkt für Tatsachen sind insbesondere die Stufen der Geeignetheit und Erforderlichkeit im Rahmen der Verhältnismäßigkeitsprüfung. Hier kann der Entrelationierung durch Tatsachen wirksam entgegengetreten werden.

e) *Bestimmtheitsgrundsatz*

Ein weiteres Gegenmittel liegt im Bestimmtheitsgrundsatz. Über viele Jahre fristete er ein Schattendasein ohne Ergebnisrelevanz, weil das Bundesverfassungsgericht in der Kalkar-Entscheidung 1978 offene, final strukturierte Tatbestände grundsätzlich akzeptiert hatte.[78] Gegenüber generalklauselartigen Tatbeständen überwog eine erstaunliche Toleranz; immer wieder war davon die Rede, bestimmte Sachverhalte ließen sich aufgrund von Eigenheiten des Regelungsgegenstands tatbestandlich nicht präziser formulieren, so daß kaum je ein Gesetz am Bestimmtheitsgrundsatz scheiterte.[79]

Die Rechtsprechung zu den modernen Sicherheitsgesetzen zeigt auch in diesem Punkt eine Umorientierung. Auf den Bestimmtheitsgrundsatz wird nun – zu Recht – gesteigerter Wert gelegt, weil nur hinreichend bestimmte Rechtsgrundlagen eine Zweckbestimmung erkennen lassen, die dann eine Zweck-Mittel-Prüfung ermöglicht. Ist indes der Zweck des Gesetzes unklar oder zu weitschweifig, scheitert naturgemäß eine relationierende Kontrolle von Zweck und Mittel. Jedenfalls steigt der Spielraum von Legislative und Exekutive bei der Mittelauswahl: Je unbestimmter der Zweck desto mehr Mittel stehen zur Verfügung. Es verwundert daher nicht, wenn das Bundesverfassungsgericht offenen Zweckbestimmungen entgegentritt und gerade bei der Sicherheitsgesetzgebung den Bestimmtheitsgrundsatz aktiviert. So scheiterte die Online-Durchsuchung am Gebot der Normenklarheit,[80] die KfZ-Kennzeichenabfrage an der unklaren Zweckbestimmung,[81] die präventive Telefonüberwachung war gleichfalls zu unbestimmt gefaßt.[82] Noch in weiteren Entscheidungen spielte das Argument fehlender Normenklarheit und Normenbestimmtheit eine tragende Rolle.[83]

77 BVerfGE 115, 118 (155).
78 BVerfGE 49, 89 (133-140) – Schneller Brüter Kalkar [1978].
79 Zur Problematik jetzt *H. Wißmann*, Generalklauseln, 2008, S. 179 ff., 228 ff.; sowie *H.-J. Papier/J. Möller*, Das Bestimmtheitsgebot und seine Durchsetzung, AöR 122 (1997), 177 (198 ff.).
80 Vgl. z.B. BVerfGE 120, 274 (315-318) – Online-Durchsuchung [208].
81 BVerfGE 120, 378 (407 f.) – Kfz-Kennzeichenerfassung [2008].
82 BVerfGE 113, 348 (375-378) – präventive Telefonüberwachung [2005].
83 BVerfGE 110, 33 (53-57) – Auslandstelefonüberwachung [2004]; 118, 168 (186-188) – Kontoabfrage [2007]; der Sache nach auch BVerfGE 115, 118 (157) – Luftsicherheit [2006]. Zur freiheitlichen Bedeutung von Bestimmtheitsgebot und Normenklarheit auch *E. Denninger*, Prävention und Freiheit (o. Fn. 35), S. 100-102.

f) *Zurückhaltung gegenüber objektiven Grundrechtslehren*

Nur knapp soll schließlich auf ein »negatives« Gegenmittel hingewiesen werden: Der Entrelationierung und der Entindividualisierung beugt man natürlich auch durch eine Zurückhaltung gegenüber objektiven Grundrechtslehren vor. Einen sehr kritischen Blick verdienen insbesondere die grundrechtlichen Schutzpflichten, weil aus ihnen sicherheitsrechtliche Handlungsaufträge abgeleitet werden, die aus derselben normativen Wurzel wachsen wie die freiheitlichen Abwehrrechte, nämlich den Grundrechten, so daß sie typischerweise die Tendenz auslösen, Eingriffe in die Rechte Weniger im Namen des Schutzes Vieler hinzunehmen. Gegenüber den Schutzpflichten bestehen daher gewichtige grundrechtliche, staatsorganisationsrechtliche und politische Bedenken, die vielfach artikuliert wurden.[84] Bereits in ihrer verfassungsrichterlichen Geburtsstunde 1975 wurden sie im Sondervotum der Richterin Rupp-von Brünneck und des Richters Simon auf den Punkt gebracht.[85] Es ist daher richtig, wenn das Bundesverfassungsgericht die richterrechtlich erfundene Schutzpflichtenlehre zurücknimmt und bei individuellen Freiheitseingriffen nur grundrechtsverstärkend, nicht aber grundrechtsrelativierend einsetzt.

Aufschlußreich ist in diesem Sinne erneut die Entscheidung zur Abschußbefugnis. Dort hätte sich die Argumentation mit Schutzpflichten geradezu aufgedrängt, wurde aber vom Senat in einer bloß periphären Weise aufgegriffen, die man nur als Geringschätzung und Disqualifizierung der Schutzpflichten bezeichnen kann.[86] Da Schutzpflichten nur eine pflichtschuldige Erwähnung ohne jede Ergebnisrelevanz finden, darf das Urteil als ein begrüßenswerter Schritt auf dem Weg zur langsamen Verabschiedung der objektivrechtlichen Schutzpflichten gewertet werden.[87]

g) *Zusammenfassung*

Insgesamt läßt sich die Entrelationierung gut beheben. Die Rechtsdogmatik verfügt über die entsprechenden Gegenmittel und die Verfassungsrechtsprechung hat von diesen bereits Gebrauch gemacht. Abhilfe ist hier folglich innerhalb des Rechtssystems selbst möglich. Für die Dogmatik bedeutet dies freilich eine Neuorientierung der verfassungsrechtlichen Prüfungskriterien und -hierarchien in folgenden Punkten:

84 Zur Kritik *E. Denninger*, Der Präventions-Staat, KJ 21 (1988), 1; *R. Wahl/J. Masing*, Schutz durch Eingriff, JZ 1990, 553; *P. Preu*, Freiheitsgefährdungen durch die Lehre von den grundrechtlichen Schutzpflichten, JZ 1991, 265; *C. Enders*, Die Privatisierung des Öffentlichen durch die grundrechtlichen Schutzpflichten und seine Rekonstruktion aus der Lehre von den Staatszwecken, Der Staat 35 (1996), 351; *M. Jestaedt*, Grundrechtsentfaltung im Gesetz, 1999, S. 282 f.; *O. Lepsius*, Besitz und Sachherrschaft im öffentlichen Recht, 2002, S. 394 ff.; *ders.*, Luftsicherheitsgesetz (o. Fn. 75), S. 62-64; skeptisch auch *K. Stern*, Staatsrecht, Band III/1, 1988, S. 944 f.; *K.-E. Hain*, Der Gesetzgeber in der Klemme zwischen Untermaß- und Übermaßverbot, DVBl. 1993, 982; *H. Dreier*, Dimensionen der Grundrechte, 1993; *C. Starck*, in: v. Mangoldt/Klein/Starck (Hrsg.), Grundgesetz, Band I, 5. Aufl. 1999, Art. 1 Rn. 160. Auf die Sonderstellung, die Deutschland insoweit einnimmt, weist *R. Wahl* hin, in: H.-J. Papier/D. Merten (Hrsg.), Handbuch der Grundrechte, Band I, 2004, § 19.

85 BVerfGE 39, 1 (68 ff.) – Schwangerschaftsabbruch I [1975].

86 Vgl. BVerfGE 115, 118 (152 f., 159 f.).

87 Vgl. auch *O. Lepsius*, Luftsicherheitsgesetz (o. Fn. 75), S. 62-64; *E. Denninger*, Prävention und Freiheit (o. Fn. 35), S. 95.

- Bedeutungsgewinn für Rechtsfragen auf der Schutzbereichsebene,
- Tatsachen werden für die Verhältnismäßigkeit wichtiger, während die Bedeutung von Rechtsgüterabwägungen eher abnimmt,
- von der Vorstellung einer einheitlichen Grundrechtstheorie muß wohl Abschied genommen werden, stattdessen bilden sich immer mehr Einzeldogmatiken aus (z.B. Datenschutz und allgemeines Persönlichkeitsrecht bei Art. 2 Abs. 1 GG i.V.m. Art. 1 Abs. 1 GG),
- die Grundrechtsprüfung wird bei unterschiedlichen Freiheitsbereichen unterschiedlich streng ausfallen; insofern liegt eine Abstufung der Freiheitsbereiche Privatheit-Kommunikation-Wirtschaft nahe,
- bei einer Trennung verschiedener grundrechtlicher Schutzdimensionen liegt ein Grundrecht auf Privatheit in der Luft.

3. *Bekämpfung der Entdifferenzierung*

Auf rein rechtsdogmatische Mittel kann hier nicht vertraut werden. Gegenmittel müssen auch bei der Rechtspolitik ansetzen. Gleichwohl bietet auch die Rechtsdogmatik Anknüpfungspunkte für Gegenstrategien, um einer drohenden Auflösung zentraler rechtsstaatlicher Differenzierungen entgegenzutreten. Die Aufgabe von Rechtsdogmatik und Rechtspolitik liegt hier vor allem darin, die institutionelle Differenzierung zwischen Bund und Ländern, Polizei und Geheimdiensten, Gefahrenabwehr und Strafverfolgung, Innen (Polizei) und Außen (Streitkräfte) oder privat und öffentlich zu bewahren

a) *Kompetenzen*

Verfassungsrechtlich werden diese Differenzierungen in erster Linie durch Kompetenzregeln umgesetzt. Die Kompetenzordnung hat nicht nur den Zweck, die vertikale und horizontale Gewaltenteilung im Bundesstaat zu realisieren. In unserem Zusammenhang ist ein anderes Argument wichtig: institutionelle Differenzierung sichert individuelle Freiheit. Gerade die moderne Sicherheitsgesetzgebung verdeutlicht, was im deutschen Verfassungsrecht nicht immer klar gesehen wird: Individuelle Freiheit hat eine institutionelle, organisationsrechtliche Dimension. Mit anderen Worten: sie bedarf auf Seiten des Staates ausdifferenzierter Organe und einer Kompetenzordnung. Die Bewahrung kompetentieller und organisatorischer Trennungen dient der Freiheit.

Auch insofern verdient die neuere Rechtsprechung des Bundesverfassungsgerichts Lob. Jedenfalls ist sie der extensiven Auslegung von Kompetenzbestimmungen entgegen getreten, etwa bei der Abschußbefugnis im Luftsicherheitsgesetz, die vergeblich auf Kompetenzen des Bundes zur Katastrophenhilfe oder zum Katastrophennotstand in Art. 35 Abs. 2 und 3 GG gestützt wurden.[88] Demgegenüber mahnte das Bundesverfassungsgericht, bei der Interpretation von Kompetenzregeln Texttreue walten

88 BVerfGE 115, 118 (140-151) – Luftsicherheitsgesetz [2006].

zu lassen. Das »Gebot strikter Texttreue«[89] verhindert eine biegsame Auslegung von Kompetenzvorschriften und setzt allzu ergebnisorientierter juristischer Kreativität Grenzen. Die kompetentielle Unterscheidung von Bund und Ländern, aber auch von Innen (Polizei) und Außen (Streitkräfte) wurde dadurch gewahrt.
Auch hat sich das Gericht nicht auf die Etablierung kompetentieller Zwischenräume eingelassen, insbesondere einen eigenen Kompetenzbereich der Verfolgungsvorsorge abgelehnt, der über die vorbeugende Bekämpfung von Straftaten hinausgeht und die Grenze zwischen Repression (Strafverfolgung/Bundeskompetenz) und Prävention (Gefahrenabwehr/überwiegend Kompetenz der Länder) verwischt.[90] Auch hierdurch wurde die kompetentielle Unterscheidung von Bund und Ländern, aber auch von Strafverfolgung und Gefahrenabwehr gewahrt. Es ist daher insgesamt kein Wunder, daß das Organisationsrecht, gerade auch aus Gründen des Freiheitsschutzes, zunehmend ins Zentrum aktueller sicherheitspolitischer Diskurse rückt.[91]

b) *Zurückhaltung gegenüber staatstheoretischen Argumenten*

Im sicherheitsrechtlichen Diskurs muß vor staatstheoretischen Argumenten gewarnt werden, gerade weil sie die institutionelle und kompetentielle Ausdifferenzierung überspielen können. Wie bereits erwähnt, nivelliert der Begriff »Staat« die darunter zu fassenden unterschiedlichen Kompetenzträger (Bund/Land, Exekutive/Legislative/Judikative). Sie alle sind »Staat« – weswegen Topoi wie Sicherheit als Staatsaufgabe oder Staatszweck immer eine entdifferenzierende Tendenz enthalten. Sie überspringen die staatsorganisationsrechtlich entscheidenden Fragen. Daher liegt im Nichtgebrauch staatstheoretischer Argumente (Staatsaufgabe, Staatszweck) immer auch ein Bekenntnis zu kompetentieller und institutioneller Ausdifferenzierung.

c) *Heimlichkeit*

Besondere Vorsicht ist gerade aus Gründen des organisatorischen und kompetentiellen Freiheitsschutzes bei heimlichen Maßnahmen geboten. Bei geheimem Handeln der öffentlichen Hand ist nicht erkennbar, wer aufgrund welcher Kompetenzgrundlage in den Rechtskreis des Bürgers eingreift. Der Betroffene kann auf Eingriffe nicht mit einer Verhaltensänderung ausweichen. Er kann sich mangels Kenntnis auch nicht gegen Eingriffe wehren; die subjektive Rechtskontrolle der objektiven Kompetenzordnung scheidet aus. Hier bedarf es einer kompensierenden Kompetenzordnung, nämlich der objektiven Kontrolle durch andere Organe, sei es der Gerichte (Richtervorbehalt, in-camera-Verfahren), sei es besonderer parlamentarischer Gremien (G 10-

89 BVerfGE 115, 118 (142).
90 BVerfGE 113, 348 (369-374) – präventive Telefonüberwachung [2005], siehe auch *O. Lepsius*, Die Grenzen der präventivpolizeilichen Telefonüberwachung, in: JURA 2006, S. 929; *C. Gusy*, Telekommunikationsüberwachung nach Polizeirecht?, NdsVBl. 2006, 65. Anders akzentuiert *H.-D. Horn*, Sicherheit und Freiheit durch vorbeugende Verbrechensbekämpfung, in: FS Walter Schmitt Glaeser 2003, S. 435.
91 Vgl. etwa die Analyse von *H.-J. Lange*, Der Wandel des föderalen Sicherheitsverbundes, in: S. Huster/K. Rudolph, Präventionsstaat (o. Fn. 6), S. 64 (66 ff.).

Kommission, parlamentarisches Kontrollgremium).[92] Auf die organisatorische Ausgestaltung eines objektiven Kontrollregimes ist ganz besonderer Wert zu legen.[93] Da geheimes Handeln des Staates prinzipiell rechtsstaatswidrig ist und besonderer Rechtfertigung bedarf, sind heimliche Maßnahmen grundsätzlich im Nachhinein objektiv zu überprüfen und den Betroffenen bekannt zu geben, damit wenigstens teilweise subjektiver Rechtsschutz besteht.

d) *Parlamentarische Verfahren*

Grundsätzlich obliegt die Ausgestaltung der Kompetenzordnung dem Gesetzgeber, u.U. dem verfassungsändernden Gesetzgeber. Gegen Verfassungsänderungen oder neue Kompetenzzuschnitte besteht kein verfassungsrechtlicher Schutz. Wenn der verfassungsändernde Gesetzgeber dem Bund die Kompetenz zur Abwehr von Gefahren des internationalen Terrorismus (Art. 73 Abs. 1 Nr. 9a GG) überträgt, steht dem die Verfassungsordnung nicht entgegen. Die Organisationsgewalt des Gesetzgebers wird nicht durch materielle Grenzen beschränkt, sondern durch die Verfahrensordnung, sei es das Verfahren der Verfassungsänderung (Art. 79 Abs. 1, 2 GG), sei es das Verfahren der Gesetzgebung (Art. 76 ff. GG). Mehr noch als bei materiellen Freiheitseingriffen (bei denen die Grundrechtskontrolle bestehen bleibt) ist die Einhaltung des Gesetzgebungsverfahrens bei Organisations- und Kompetenznormen bedeutsam, weil hier subjektive verfassungsrechtliche Grenzen fehlen.
Leider muß man konstatieren, daß die Parlamente bei der modernen Sicherheitsgesetzgebung ihre Verfahrenskontrolle nicht wahrgenommen haben. Was die Exekutive vorschlug, passierte die Parlamente unbeanstandet. Das gilt auf Bundesebene für die beiden Sicherheitspakete 2001/2002, die in beispielloser Zeit ohne nähere parlamentarische Beratung durchgepeitscht wurden und sogar für die heikle Abschußermächtigung im Luftsicherheitsgesetz, deren Ziel offenbar in der parlamentarischen Behandlung durch die unbestimmte Wortwahl des Gesetzes als Formelkompromiß bewußt im Unklaren gehalten wurde. Das gilt auch für die Länder: Weder das Gesetz zur präventiven Telefonüberwachung erregte beim Landtag in Hannover Anstoß, noch die KfZ-Kennzeichenerfassung im Wiesbadener Landtag oder die Online-Durchsuchung beim Landtag in Düsseldorf. Wer sich vor Augen hält, daß die zuletzt genannten vier Gesetze vom Bundesverfassungsgericht für verfassungswidrig erklärt wurden, mag an der Sensibilität der Landtage aber auch des Bundestages für die individuelle Freiheit zweifeln. Die Parlamente jedenfalls haben sich nicht als eine Instanz des Freiheitsschutzes erwiesen. Sie haben vielmehr in einer erschreckenden Gedankenlosigkeit Freiheitseingriffen zugestimmt, deren Verfassungswidrigkeit den Gesetzen nicht selten auf der Stirn geschrieben stand (so etwa im Falle der niedersächsischen Telefonüberwachung oder der Online-Durchsuchung in NRW).

92 Überblick über Probleme und Diskussion bei *C. Gusy*, Parlamentarische Kontrolle der Nachrichtendienste im demokratischen Rechtsstaat, ZRP 2008, 36; *ders.*, Die Parlamentarische Kontrollkommission zwischen weitreichenden Erwartungen und ungelösten Gegenwartsfragen, NWVBl. 2007, 413; siehe auch *B. Hirsch*, Die Kontrolle der Nachrichtendienste: Vergleichende Bestandsaufnahme, Praxis und Reform, 1996.

93 Vgl. *Trute*, Erosion (o. Fn. 32), S. 423 ff.

Es tut daher not, daß sich die Parlamente als Sachwalter der Freiheitsrechte begreifen und moderner Sicherheitsgesetzgebung sensibler gegenübertreten. Inzwischen ist auch die Zeit reif für die Evaluation der Sicherheitsgesetze der letzten Jahre; ihre Ergebnisse müssen in den parlamentarischen Prozeß einfließen.[94] Mit rein rechtlichen Mitteln läßt sich dies nicht bewirken. Das Verfahrensrecht (öffentliche Debatte und Rechtfertigung, Zustimmungserfordernisse) bietet zwar Anknüpfungspunkte, aber ohne den entsprechenden politischen Willen (nicht zuletzt der Oppositionsparteien) können sie ihre mittelbar freiheitssichernde Wirkung nicht entfalten. Hier stehen wir vor einer Aufgabe, welche die gesamte Öffentlichkeit und den öffentlichen Diskurs betrifft. Einen gesellschaftlichen Diskurs, wieviel Sicherheit die Bevölkerung will und welche Freiheitsrechte sie dafür preiszugeben bereit ist, hat es bislang nicht gegeben. Die gesellschaftliche Grundsatzdebatte über den Sicherheitsstaat ist noch nicht geführt worden.[95] Allerdings ist die Sensibilität gegenüber einer Aushöhlung von Freiheitsrechten im Namen von Sicherheitserwartungen in den letzten Jahren merklich gewachsen.[96] Und es darf auch als Zeichen für einen Sinneswandel innerhalb der Parlamente gewertet werden, daß es seit der Nichtigkeit der Abschußbefugnis 2006 trotz einer Großen Koalition im Bundestag noch nicht zur Schaffung einer Bundeskompetenz für den Militäreinsatz zur Terrorbekämpfung im Innern gekommen ist.

Ich darf mit einer trivialen, nichts desto weniger aber wichtigen Einsicht schließen: Besonders in Fragen der Sicherheitsgesetzgebung kommt es darauf an, wer entscheidet: Wer ist der Bundesminister des Innern? Wer ist innenpolitischer Fraktionssprecher im Bundestag? Wer sitzt im Bundesverfassungsgericht? Eines sollte deutlich geworden sein: Das Verhältnis von Freiheit und Sicherheit wird politisch ausgestaltet. Selbst wenn diese Ausgestaltung Verfassungsbindungen unterliegt, so hängen doch auch diese von den zuständigen Verfassungsorganen und den dort Entscheidenden ab. Aus dem Verfassungsrecht folgen Grenzen. Aber aktiviert werden müssen sie durch Richter – und diese sind in dieser Funktion nicht austauschbar. Es kommt auf den Einzelnen an: auf den Minister, den Parlamentarier, den Richter. Über allen Rechtsbindungen steht daher die Demokratie und die durch sie vermittelte individuelle Zuständigkeit. Vielleicht am wichtigsten zum Schutze der Freiheit ist die Frage: wer ist zuständig und wer entscheidet? Darin mag etwas beunruhigendes liegen, aber in einer funktionierenden Demokratie liegt darin auch das wirksamste Mittel für eine gute Balance zwischen Sicherheit und Freiheit: Mögen die Richtigen Abgeordnete, Minister und Bundesverfassungsrichter werden! Diese Aufgabe liegt in unser aller Hände.

94 Zur Evaluationsbedürftigkeit vor allem *Gusy*, Präventionsstaat (o. Fn. 8), S. 279-286.
95 Vgl. *H.-J. Lange,* Föderaler Sicherheitsverbund (o. Fn. 91), S. 68 f., 76 f.: eindimensionale Problemwahrnehmung, viele Diskurse aber keine Diskussion.
96 Einen repräsentativen Querschnitt über die Positionen bietet *S. Huster/K. Rudolph* (Hrsg.), Präventionsstaat (o. Fn. 6).

Das Strafrecht auf dem Weg zur Sicherheitsgesellschaft

*Peter-Alexis Albrecht**

Der Aufbau der Darlegungen vollzieht sich in drei Schritten. In einem ersten werde ich den Prozess der Erosion des Rechts als einen seit dem 19. Jahrhundert fortschreitenden Abbau des Rechtes skizzieren. Das erfolgt notwendig holzschnittartig, zeigt aber den eindeutigen Befund, dass zunehmend und weltweit nicht mehr das Recht aufgerufen ist, Menschenwürde und Freiheit zu sichern, sondern partiell vorangetriebene Interessen-, Macht- und Herrschaftssicherung den Rückzug vom Rechts- in den Naturzustand einläuten. In einem zweiten Schritt werde ich nach den Gründen hierfür fragen. *Oliver Lepsius* hat vor kurzem von dieser Stelle aus die Rechtserosionen als Prozesse der Ent-Individualisierung, der Ent-Relativierung und der Ent-Differenzierung beschrieben. Der Tatbestand scheint klar, allein die Ursachen liegen im Dunkeln. Letztere sind so komplex, dass auch ich schon jetzt die Erwartung für eindeutige Antworten enttäuschen muss. Ich will es zumindest versuchen. In einem dritten Schritt kann ich leider keine zukunftsfesten Lösungen anbieten, nur Conclusionen, die – aus meiner Sicht – wenig Optimismus erlauben.

I. *Der kontinuierliche Erosionsprozess des rechtsstaatlichen Strafrechts: Von der Herrschaft zur Vernichtung des Rechts*[1]

1. *Metaphysisches Herrscherrecht zur Zeit der Voraufklärung*

Das Strafrecht hat sich im 18. Jahrhundert langsam und mühselig aus den Klauen der Voraufklärung befreit. Als metaphysisches Herrscherrecht hatte es angekoppelt an den Kampf vom Guten gegen das Böse (Gott versus Teufel). Die Legitimation lag in der Strafgewalt des absoluten Souveräns, die Rechtsunterworfenen hatten diese Strafgewalt durch gewillkürte Körper- und Leibesstrafen, als Subjekte des Kampfes gegen das Böse zu ertragen. Im Vordergrund stand die Stabilisierung weltlicher und religiöser Herrschaft durch inquisitorische Rechtsdurchsetzung.

* Inhaber des Lehrstuhls für Strafrecht und Kriminologie am Fachbereich Rechtswissenschaft der Johann Wolfgang Goethe-Universität Frankfurt am Main. Diesen Beitrag habe ich unter dem Titel »Vom Präventionsstaat zur Sicherheitsgesellschaft – Wege kontinuierlicher Erosion des Rechts –« in aktualisierter Fassung meinem Kollegen Winfried Hassemer für seine Festschrift gewidmet.

1 Grundlegender *P.-A. Albrecht*, Kriminologie: Eine Grundlegung zum Strafrecht, 3. Aufl., 2005, § 6, S. 60 ff.

2. *Die absolute Straftheorie als Emanzipation des Rechts*

Das klassische Strafrecht des 18. Jahrhunderts, das mit der Aufklärung Einzug hielt, hatte als Ausgangspunkt die emanzipatorische Erkenntnis, dass nicht der Mensch (Souverän), sondern allein das vernünftige Recht zu herrschen habe. Strafrecht hatte aus dieser Sicht ausschließlich die absolute Funktion, die Rechtsverletzung zu vergelten, als Wiederherstellung des Rechts, und zwar individualbezogen, schuldbezogen, gesetzesbezogen. Idealtypisch lag in der Version des klassischen Strafrechts ein rigoroser Tatbezug vor. Dieser Tatbezug erschöpfte sich in einem repressiv-limitierenden Rechtsmodell, das sich wiederum idealtypisch am Prinzip einer von der Vernunft gesteuerten Legalität festmachte. Das Modell des klassischen Strafrechts war ein theoretisches. Hinter diesem Anspruch verbarg sich im Laufe der Geschichte häufig autoritäre Herrschaftsabsicherung, nicht hingegen Legalität im Sinne einer generalisierten und repräsentativen Autonomie der Bürger. Absolutes Strafrecht in seiner historischen Ausprägung war deshalb häufig staatliches Strafrecht im autoritären Gewand.

3. *Die relativen Straftheorien als Ausdruck sozialstaatlicher Orientierung*

In Auseinandersetzung und Abgrenzung von einem klassischen Strafrecht entstand im 19. Jahrhundert die moderne Strafrechtsschule, profiliert im Marburger Programm eines *Franz von Liszt*. Der präventive Zweckgedanke war Pate für die Entwicklung relativer Straftheorien, die nunmehr den gesellschaftlichen Nutzen des Strafens und nicht mehr die Vernunft des Strafens in den Blick nahm und durch einen idealtypischen rigorosen Täterbezug an die Anpassungsbereitschaft des Individuums ankoppelte. Dies war auch der Geburtsort der wissenschaftlichen täterorientierten Kriminologie, die mit Hilfe von Individualisierung und Moralisierung ein präventivgestaltendes Rechtsmodell entwickelte: Der Preis für die Orientierung am wechselnden gesellschaftlichen Nutzen von Strafe war später eine sozialstaatlich aufgeladene Opportunität, die schon den Geltungsanspruch allgemeiner und gleicher Rechtsanwendung grundsätzlich in Frage stellte.

4. *Das symbolische Strafrecht: Systemkrisen und Systemorientierung*

Die enttäuschten Hoffnungen über den krisengeschüttelten Wohlfahrtsstaat geben der Rechtsentwicklung zum Ende des 20. Jahrhunderts eine neue Richtung. Die unberechenbaren Risiken der Industriegesellschaften, die durch staatliche Steuerungsmechanismen, insbesondere durch vernünftige oder zweckorientierte Rechtssteuerung nicht mehr zu bewältigen sind, schlagen sich in symbolischer Gesetzgebung nieder. Das symbolische Risikostrafrecht hat nicht mehr den Täterbezug des präventiven Strafrechts, sondern ausschließlich eine Systemorientierung im Blick. Mit dem empirisch nicht überprüfbaren Modell so genannter Integrationsprävention, das heißt mit der Ausrichtung am normstabilisierenden Bewusstsein der Allgemeinheit, führt dieses Rechtsmodell – wiederum idealtypisch – einen rigorosen Systembezug ein. Der Abschied von der Allgemeinheit und von der Gleichheit der Rechtsanwendung leitet die Informalisierung des Rechts ein. Der Rechtsanwender kann das Recht anwenden, wenn er will, er kann es aber auch lassen. Diese Rechtsopportunität führt zu einem gehaltlosen Rechtsbegriff, der sich im Ergebnis gleichheitsverletzend und willkürlich darstellt. Begleitet wird dieser Rechtsentwicklungsprozess durch ein zunehmendes Desinteresse an einer täterorientierten Kriminologie, weil die Ausrichtung am Systemschutz zu einer Ent-Individualisierung führen muss. Individualisierung führt nur noch bei selektiver Sanktionierung zu einem politischen Gebrauchsvorteil: Sie dient der Zurückweisung struktureller Verantwortlichkeit für das versagende politische System.

5. *Das nach-präventive Sicherheitsstrafrecht: Sicherheit vor Freiheit*

Die Kontinuität in der Erosion des Rechts setzt sich in der Wende zum 21. Jahrhundert immer mehr durch. Ein nach-präventives Sicherheitsstrafrecht, getragen von globalen Sicherheitsorientierungen als Herausforderungen gegenüber ungezügelten Gewaltformen (je nach Perspektive als Terrorismus bezeichnet), strebt deutlich globale Herrschaftssicherung an. Der Begriff Sicherheit erfährt eindeutige Priorität vor dem Schutz der Freiheit. Mit einem verdachtsunabhängigen Sicherungszugriff greift das nachpräventive Sicherheitsstrafrecht sogar zu Mitteln der Militarisierung innerer Sicherheit (Einsatz der Armee zur internationalen Strafverfolgung, zur Verfolgung innerer Sicherheitszwecke). Idealtypisch ist für diese globale Sicherheitsorientierung der Abruf von Sonderopfern als allgemeine Bürgerpflicht zugunsten totaler Sicherheit, die keine mehr ist. *Otto Depenheuer* hat kürzlich von dieser Stelle aus ein flammendes Plädoyer für die moderne Heldenverehrung des »rechtsstaatlichen Sonderopfers« gehalten, *Dieter Simon* – als sein wissenschaftlicher Aufpasser – hat das Gegenmodell des »pfälzischen Angsthasen«, dem sein Überleben mehr wert ist als ein Denkmal, launig entworfen. Ich will *Simon* seine Hoffnung nicht rauben, aber mit Art. 20 Abs. 4 GG – dem aufscheinenden Widerstandsrecht, dem sogar die Ewigkeitsgarantie des historischen Gesetzgebers gilt – hat das freilich wenig zu tun. An kriminologischen Orientierungen, die das Individuum in den Blick nimmt, ist dieses nach-präventive Sicherheitsstrafrecht nicht mehr im Entferntesten interessiert. Es geht nur noch um die Vervielfältigung reiner Sicherungsmaßregeln, die von der Mehrheit der Bevölkerung sogar begrüßt werden, und was dazu berechtigt, von der Sicherheitsgesellschaft in der Mehrheitsdemokratie zu sprechen. In dieser Entwicklung liegt freilich ein Modell klarer Rechtsnegation bis hin zur Rechtsvernichtung.

6. *Zusammenfassung*

Der kurzen Skizze der Kontinuität vom Aufbau des Rechts hin zur Vernichtung des Rechts liegt ein Entwicklungsmodell zugrunde, das sich in den ersten vier Stufen als historisch nahezu abgeschlossen darstellt. Wie schon die zeitliche Abfolge zeigt, gibt es hierzu keinen trennscharfen zeitlichen Rahmen für die einzelnen Stufen. Das trifft ebenso auf die straftheoretischen Explikationen, die Auswirkungen auf die Rechtsunterworfenen und die Rolle der Kriminologie im Verhältnis zu den strafrechtlichen Anforderungen zu. Deutlich gemacht werden sollen hiermit nur – in idealtypischer Form – die Prämissen und Bedingungen der kontinuierlichen Abkehr von einem gehaltvollen, das heißt von einem allgemein gültigen und gleich angewendeten, Modell des Rechts. Die Stringenz dieses Modells mag erschrecken, sucht doch so mancher Normwissenschaftler hierin vergebens nach seinem Platz im Wissenschaftsgebäude. Eines ist sicher: wir befinden uns mitten in einem politischen Prozess des Abbaus von Recht im klassischen Sinn. Die Informalisierung des Rechts prägt den Rechtsalltag in bedenklichem Ausmaß. Ich erinnere zumindest an den hier im Raum des WZB konsentierten öffentlich-rechtlichen Erosions-Befund von *Lepsius*, den ich als Informalisierung des Rechts erforscht und bezeichnet habe.

II. *Tektonische Umbrüche als Ursachen globaler Rechtsauflösung: Eine Skizze*

Das Herantasten an die Ursachen der Rechtsauflösung erfolgt über vier Schritte. Zu Beginn steht eine systemtheoretisch angeleitete Perspektive: Die Antagonismen zwischen dem Rechts- und dem Wirtschaftssystem, vor allem im Hinblick auf die Entwicklung einer globalisierten Ökonomie. An zweiter Stelle steht eine herrschaftstheoretische Erwägung: Die Ablösung rechtlicher Steuerung vollzieht sich im Zusammenhang mit der unilateralen Herrschaftsausbreitung im Sinne globaler Hegemonie der Vereinigten Staaten von Amerika. Übermacht verleitet bekanntlich zur Rechtsferne. *Richard von Weizsäcker* hat kritisch angemerkt: »Wer das Recht missachtet, tut es, weil er stark ist«?[2] Behutsam, wie dieser elder statesman ist, hat er ein Fragezeichen hinter diese historische Wahrheit gesetzt. Begleitet werden diese beiden Thesen durch einen dritten Schritt, den andere das Wiedererwachen moralisch-religiöser Kreuzzüge bezeichnen.[3] Als Resultat dieser Umbrüche einer Weltgesellschaft entwickelt sich – viertens – ein grenzenloser Sicherheitsdiskurs, der für die Verantwortlichen in Staat und Gesellschaft einen derart hohen politischen Gebrauchswert hat, dass sich das daraus legitimierende System einer Sicherheitsgesellschaft nicht mehr als These, sondern als unüberwindbare Folge präsentiert.

1. *Erosionsprozesse des Rechts durch Umbrüche der Globalisierung*

Die Auflösung des Rechts traditioneller Art wird von zwei Prozessen gekennzeichnet, die im Zusammenhang stehen. Der zunehmenden Überlagerung des Rechtssystems

2 *Richard von Weizsäcker*, Was für eine Welt wollen wir?, 2005, S. 88.
3 *Singelnstein/Stolle,* Die Sicherheitsgesellschaft, 2. Aufl., 2008, S. 46 ff.

durch das System der Wirtschaft und der parallelen Entwicklung einer entfesselten Globalisierung der Wirtschaft.

a) *Überlagerung des Rechtscodes durch den Code der Ökonomie*

Die traditionellen Rechtskonstruktionen stören das ungehinderte Ausbreiten einer entfesselten Ökonomie. Das ist im Prinzip nichts Neues. Der Code der Ökonomie ist seit je gezeichnet vom Dualismus Kosten versus Nutzen. Die Logik der Monopolisierung und Konzentration von Ökonomie überlagert aber zunehmend den traditionalen Rechtscode, der im Dualismus Recht versus Unrecht seinen Ausdruck fand und immer noch zu finden versucht. Diese Verwerfungen spiegeln sich im bekannten strafrechtlichen Mannesmann-, im VW- und in den Siemensprozessen wieder. Als Erklärung wird angeboten, dass Konkurrenzfähigkeit auf den Märkten die Grenzen traditioneller Rechtsnormen überschreiten müsse, d.h. zugunsten von Wachstum und Arbeitsplatzsicherheit informelle Strategien – im Sinne einer Lockerung des strikten Rechtscodes – erforderlich machten. Die von Seiten traditionell rechtsstaatlichen Standards nicht mehr nachvollziehbaren Informalisierungen einer auf »Verständigung« ausgerichteten Justiz belegen diese Entwicklungen. Trotz klarer rechtlicher Tatbestandsverwirklichungen im Sinne von Untreue, Betrug und Korruption werden Verfahren aus Gründen einer nicht näher spezifizierten Opportunität eingestellt und damit der Öffentlichkeit in der Bewertung als Recht oder Unrecht entzogen. Genau das ist die Ablösung des Prinzips der Legalität durch das der Opportunität. Systemisch gesprochen: Die Kommunikationsstörungen zweier Subsysteme werden zu Lasten der Geltung der Rechtsgrundlagen der Gesellschaft lediglich abgeschliffen, aber nicht gelöst. Der Verlierer ist das Rechtssystem. Die Auflösung von Recht findet demnach *eine* Erklärung in der zunehmenden Überlagerung des Systems des Rechts durch das System der Wirtschaft.

b) *Globalisierungsprozesse*

Die Globalisierung der Ökonomie verstärkt diesen Dominanzprozess, vielleicht sogar notwendigerweise. In den nationalen Volkswirtschaften des 20. Jahrhunderts gab es hinreichende rechtliche Regulierungsmodelle, die die Subsysteme Wirtschaft und Recht im Einklang zu halten versuchten. Kartellgesetzgebung, Wettbewerbsrecht und andere wirtschaftsrechtliche Steuerungsmedien haben so das Modell einer sozialen Marktwirtschaft ausgezeichnet. War das im nationalstaatlichen Entwurf schon schwierig genug, verteilt die globalisierte Entfesselung der Ökonomie die traditionellen Wirkkräfte in anderer Weise. Das System der Wirtschaft sucht sich nunmehr seine Betätigungsfelder dort, wo es von rechtlichen Einflüssen am wenigsten reguliert wird. Ist Arbeitsschutz in der nationalen Rechtsordnung lästig, weicht die Wirtschaft kurzerhand in eine Region aus, die Arbeitsschutz nicht kennt. Ist die Entsorgung des Wohlstandsmülls im eigenen Land nicht mehr möglich, verklappt die Wirtschaft ihre Reste an rechtlich nicht überwachten afrikanischen Küsten. Das in den Nationalstaaten verbleibende regulatorische Recht verliert mithin seinen originären Anwendungsgegenstand, es läuft leer.

c) *Massive Unsicherheiten durch sozioökonomische und soziokulturelle Umbrüche*

Der Wandel sozialer Kontrollprozesse steht zudem im Zusammenhang mit soziostrukturellen und soziokulturellen Umbrüchen, die nicht zuletzt durch die beschriebene Globalisierung aller Lebensverhältnisse verstärkt werden. Traditionelle strafrechtliche Sozialkontrolle im Sinne einer sozialen oder struktur-präventiven Sicherung aller gesellschaftlichen Funktionsbereiche ist weitgehend überholt. Empirische Analysen des Kriminaljustizsystems belegen dies nachdrücklich. Nicht Vergeltung oder Prävention, nur noch flächendeckende Sicherheit ist gesellschaftlich und politisch gefragt. Das ist aber nur eine hilflose, wenngleich rechtsvernichtende Antwort auf die flächendeckende Unsicherheit infolge tiefgreifender gesellschaftlicher Wandlungsprozesse.

So hat die Globalisierung und Internationalisierung der Produktions- und Marktbeziehungen in Deutschland zu einer Flexibilisierung der Arbeits- und Sozialverhältnisse geführt. Wer heute in den westlichen Gesellschaften einen Arbeitsplatz hat, erfährt nicht selten aus der Zeitung, dass dieser am nächsten Tag nicht mehr existiert. Die Situation für viele ist so prekär geworden, dass Sozialwissenschaftlicher für diese gesellschaftlichen Schichten bereits den Ausdruck Prekariat entwickelt haben.[4] Die Privatisierung staatlicher Aufgaben lockert die öffentlichen Rechtsgrundlagen für Gleichheit, Gleichwertigkeit der Lebensverhältnisse und den Schutz für die natürlichen Lebensgrundlagen. Das alles führt zu einem radikalen Umbau des Wohlfahrtstaates,[5] der Ausgrenzungen gewaltiger ›Minderheiten‹ wie Alte, Migranten, Hartz-IV-Empfänger produziert. Verunsicherung, Rückzug ins Private und damit auch Zunahme von Eigenverantwortlichkeit für Notlagen, Pluralisierung von Lebensstilen und eine Ökonomisierung des Selbstbildes führen insgesamt zu zahlreichen soziokulturellen Veränderungen, die mit den traditionalen Instrumenten sozialer Kontrolle nicht mehr zu zügeln sind.

Die Konzeption des Wohlfahrtsstaates wird zunehmend abgelöst durch Modelle der Deregulierung zahlreicher Bereiche von Staat und Gesellschaft. Der Staat steht im Begriff, sich in originären Gestaltungsfeldern nur noch selbst zu verwalten. Die öffentliche Gewalt als legitime Reaktion auf individuell unzulässige Machtausübung wird zwischen Staat und Gesellschaft neu verteilt. Private Formen der Machtausübung erfahren eine Privilegierung gegenüber dem bisher formalisierten staatlichen Reaktionsmustern. Damit verstärkt die Privatisierung des Strafrechts zugleich den Prozess administrativer Rationalisierung[6] und stellt eine Möglichkeit der sozialen Kontrolle mit »doppeltem Boden« bereit. Einerseits Vorverlagerung des Strafrechts mit hoheitlich-polizeilichen Mitteln, andererseits Verdichtung sozialer Vorfeldkontrolle durch Private.[7] Exekutivische und private Unübersichtlichkeit gehören eng

4 *Singelnstein/Stolle*, Die Sicherheitsgesellschaft (o. Fn. 3), S. 41.

5 *Ludwig-Mayerhofer*, Das Strafrecht und seine administrative Rationalisierung. Kritik der informalen Justiz, 1998.

6 Zur informalen Justizentwicklung am Beispiel des Jugendstrafrechts vgl. *Ludwig-Mayerhofer*, Die Staatsanwaltschaftliche Diversionspraxis im Jugendstrafrecht, in: Albrecht (Hrsg.), Informalisierung des Rechts, 1990, S. 47 ff.

7 *v. Trotha*, Staatliches Gewaltmonopol und Privatisierung, in: Sack u.a.(Hrsg.), Privatisierung sozialer Kontrolle, 1995, S. 14 ff.

zusammen – als Mechanismen zur Bewältigung des mit dem Sicherheitsversprechen und dem Rückzug des Wohlfahrtsstaates entstehenden Stoffs.
Diese Privatisierung ist indes ein gerader Weg zur Zerstörung des öffentlichen Strafrechts.[8] Deutlich wird: Privatisierung, Deregulierung und sonstige Formen von Rechtserosion, die das Kriminaljustizsystem zugleich mit Entformalisierung überziehen, bedeuten im Ergebnis Willkür und Abbau rechtsstaatlicher Prinzipien. Das rechtsstaatliche Kriminaljustizsystem droht in exekutivischer, informeller und privater Unübersichtlichkeit zu ersticken. Seine Abschaffung, zumindest seine prinzipielle Überflüssigkeit, zeichnet sich im nach-präventiven Strafrecht tendenziell ab.

2. *Der Unilateralismus der USA als Ausdruck ökonomischer Herrschaft*

Das qualitativ Neue an der derzeitigen Entwicklung, die man als nach-präventive Phase bezeichnen kann, ist die beschriebene hemmungslose Durchsetzung einer Sicherheitsorientierung innerhalb der westlichen Gesellschaften. Diese wird aber ganz eindeutig durch den Unilateralismus der USA weltweit durchgesetzt. Guantánamo ist das Protobeispiel von Rechtlosigkeit, die in den westlichen Demokratien in unzähligen Sicherheitsgesetzen ihren – zumindest analogen – Ausdruck findet.
Doch es gibt auch eine Betrachtungsweise, die dem US-amerikanischen Imperialismus keineswegs verwerflich, sondern positiv wendet: *Niall Ferguson*, Eliteforscher, sieht darin die verantwortliche Gewähr von Schutz und Freiheit in aller Welt. Den USA falle die Weltordnungsfunktion zu, zumal die Alternative zur amerikanischen Vorherrschaft nur das Chaos sei. Weit und breit gäbe es keinen besseren Garanten für die Sicherheit Aller.[9] Eine derartige Unterordnungsbereitschaft ist allerdings – weltweit gesehen – nicht jedermanns Sache. Viele sehen darin eher eine ideologische Einkleidung für ökonomisches Hegemoniestreben.
Kronzeuge für diese These ist der ehemalige Vorsitzende der amerikanische Notenbank, *Alan Greenspan*, der gerne als mächtigster Mann der Weltwirtschaft bezeichnet wurde: »Es ist bedauerlich, dass man aus politischen Gründen besser nicht aussprechen sollte, was jeder weiß: Im Irak-Krieg geht es im Wesentlichen um das Öl der Region. Prognosen zu Angebot und Nachfrage des Öls, die das hochgradig prekäre Umfeld des Nahen Ostens außen vor lassen, übersehen daher die größte Bombe, die, wenn sie explodiert, das Wirtschaftswachstum der gesamten Welt zerstören könnte.«[10] Ich will nicht verhehlen, dass auch die Wirtschaft Deutschlands von diesem Imperialismus profitiert, was die Amerikaner nicht entschuldigt, sondern unsere Verantwortung für das, was uns das Sicherheitssystem an Freiheitsverlusten zumutet, noch größer macht.
Zusammenfassend: Globale unilaterale Herrschaftssicherung zielt auf die Dominanz von Sicherheit vor Freiheit, anders ist sie offensichtlich nicht herstellbar. Das Straf-

8 *P.-A. Albrecht*, Die Vergessene Freiheit, 2. Aufl., 2006, S. 109 ff.
9 *Ferguson*, Das verleugnete Imperium. Chancen und Risiken amerikanischer Macht, 2004.
10 *Greenspan*, Mein Leben für die Wirtschaft, 2007, S. 503.

recht ist dabei nicht mehr Garant eines bürgerlichen Freiheitsraums, sondern das Sicherheitsrecht reklamiert den Verzicht auf Freiheit und Leben als Sonderopfer im Sinne einer allgemeinen Bürgerpflicht. *Otto Depenheuers* Appell schwingt noch in diesem Raum nach.

3. *Moralisch-religiöse Kreuzzüge*

Nicht weniger bedeutsam dürften kulturelle und religiöse Mechanismen der Herrschaftssicherung[11] sein, die die elementaren rechtsstaatlichen und verfassungsrechtlichen Gewährleistungen weltweit in Frage stellen und vernichten. »Genauso wie in den Vereinigten Staaten Moralvorstellungen direkt in die gesellschaftlichen Auseinandersetzungen einfließen, geschieht dies auch mit religiösen Wertvorstellungen. Dadurch erhält auch die Religion den Stellenwert einer öffentlichen Ordnungsstruktur, wofür jenseits des Atlantiks durchaus ein Bedürfnis besteht, da die öffentliche Ordnungsstruktur nicht wie in Europa eine primär staatliche, sondern eine gemeinschaftliche ist«[12], resümiert *Gret Haller,* ehemalige Parlamentspräsidentin der Schweiz. Gerade diese Verankerung von Erweckungsreligionen im US-amerikanischen Selbstverständnis von Politik erweist sich für das Verständnis verschiedener Reaktionen und Entwicklungen seit den Terroranschlägen vom 11. September 2001 – insbesondere in der Konfrontation mit dem Islam – als hoch bedeutsam. Im Ergebnis dürften diese religiös unterlegten Begründungsmuster jedoch nur als ideologischer Überbau zu werten sein, der zwar in seinen individualisierenden und auf soziale Eigensicherung abstellenden Ankoppelungen traditionelle Moral- und Begründungsmuster selbst für den Rückbau des Sozialstaates liefert, gleichwohl nur Wegbereiter der weltweiten ökonomischen Dominanzstrategien ist.

4. *Der politische Gebrauchswert eines grenzenlosen Sicherheitsdiskurses*

Der Diskurs über Sicherheit hat sich zu einer Konstante in der parteipolitischen Auseinandersetzung entwickelt. Strafrecht und Sicherheit sind Medien in der Kommunikation der Parteien. Ohne Bekenntnis zu einer starken Sicherheit verliert sich der Status der Volkspartei.

Die symbolische Produktion von subjektiver Sicherheit, die das sogenannte Sicherheitsgefühl[13] trägt, wird zentrale Legitimation staatlichen Handelns und der Nachweis ständiger Unsicherheit wird zur Grundkonstante der Politik.[14] Das Versprechen von Sicherheit hat hierbei eine besondere Qualität: Es ersetzt das Versprechen von sozialer Teilhabe und sozialer Inklusion. Sicherheit wird damit Bestandteil alltäglicher

11 *Gret Haller*, Die Grenzen der Solidarität, 2002, S. 132 ff.
12 *Haller*, Die Grenzen der Solidarität (o. Fn. 11), S. 134.
13 *Singelnstein/Stolle*, Die Sicherheitsgesellschaft (o. Fn. 3), S. 33 ff.
14 *Singelnstein/Stolle*, Die Sicherheitsgesellschaft (o. Fn. 3), S. 115. Zur Genese des Begriffs »Sicherheitsgesellschaft« vergleiche die Quellenverweise in Fn. 467, S. 115.

Handlungsmodi, wird zum Regime des täglichen Lebens.[15] Es ist keineswegs nur allgemeine Kriminalitätsangst, die dem Kriminologen schon hinreichend Aufklärungsbeschäftigung verschafft.[16] Es ist eher die Realität der Risikogesellschaft als solche, die ein ganz eigenes Bedürfnis nach Sicherheit schafft, das nicht mehr in Form individualisierenden strafrechtlichen Zugriffs befriedigt werden kann, sondern in einem »technokratischem Sinne als Einhegung, Kontrolle und Abwehr von Risiken« – also als neue Form sozialer Kontrolle – verstehbar ist.[17]

Der Nutzen der politischen Gebrauchsleistung des Sicherheitsstrafrechts ist zu groß, als dass die Politik darauf verzichten könnte. Das Sicherheitsstrafrecht ist zum politischen Kommunikationsmedium geronnen. Gesellschaftliche Angst vor unkontrollierten Risiken, zunehmende Kriminalitätsfurcht, Angst vor Gesellschaftsfeinden und die gezüchtete Angst vor Bedrohungsszenarien lassen die Zustimmung zum Versprechen von Sicherheitsproduktion gleichsam als Garantie für Wählbarkeit erscheinen. Der Wettlauf aller Volksparteien um repressive und punitive Elemente zur scheinbaren Gewähr innerer Sicherheit ist Beleg für diese Betrachtung.

Anders im Strafprozess: Hier hat gerade die Individualisierung und Moralisierung in der Einzelfallanwendung politischen Gebrauchswert, denn durch Individualisierung sozialer Problemlagen lässt sich politische Verantwortung zurückweisen. Individualisierung und Moralisierung im Strafprozess rauben dem Tatgeschehen im Allgemeinen seine Entstehungsgeschichte, reduzieren den Bedingungszusammenhang auf die Motivlage des Täters und können zudem die strukturpolitischen Interventionen vorenthalten. Diese werden durch den motivbildenden Sanktionseffekt ersetzt, soweit es auf diesen überhaupt ankommt.

Der politische Gebrauchswert liegt ferner in der Demonstration von Handlungsfähigkeit der Gewählten. Das allumfassende Sicherheitsversprechen erscheint so gegenüber den modernen Fortschrittsgefahren garantiert. Insofern liegt der Gebrauchswert des Risikostrafrechts auch in der Pflege gesellschaftlicher Werte, denn Strafgesetze dienen der Bestärkung von Werten und Normen. Macht und Einfluss wird im Kampf um die Gesetzgebung, Erlasse und Verfügungen demonstriert. Kriminalisierungsreformen werden in allen politischen Lagern als Mittel der symbolischen Wertebekräftigung geschätzt. Wie könnte ein derartiger Gebrauchswert des Sicherheitsstrafrechts als Kommunikationsmedium für die Politik entbehrlich sein?

5. *Das Produkt: Die Grundrechte verzehrende Sicherheitsgesellschaft als Folge weltweiter Transformationsprozesse*

Vor dem Hintergrund der selbstproduzierten Gefährdungslagen haben sich die Elemente des seit Mitte der 80er Jahre angelegten Präventionsstaates zu einem System

15 *Buckel/Kannankulam,* Zur Kritik der Anti-Terror-Gesetze nach dem »11. September«, Das Argument 244/2002, 34 ff.

16 Vgl. hierzu *Mushoff,* Strafe – Maßregeln – Sicherungsverwahrung, 2008 S. 540 ff., mit zahlreichen weiteren nachweisen zur zunehmenden Sicherheitsorientierung und zunehmender Punitivität der Bevölkerung.

17 *Singelnstein/Stolle,* Die Sicherheitsgesellschaft (o. Fn. 3), S. 114.

einer Sicherheitsgesellschaft entwickelt. Das qualitativ Neue an dieser Entwicklung vom Präventionsstaat zur Sicherheitsgesellschaft ist nunmehr aber der Konsens der Gesellschaft zur Aufgabe nahezu aller Freiheitsrechte zu Gunsten des Zugewinns scheinbarer Sicherheit. Dagegen scheint kein Aufklärungskraut gewachsen.

Der Wandel vom präventiven Staat zur konsensualen Sicherheitsgesellschaft ist eingebettet in globale, Freiheit und Würde der Individuen – also primär Menschenrechte – vernichtende Transformationsprozesse, die die Weltgesellschaft und die nationalen Gesellschaften gleichermaßen treffen. Die dadurch entstehende allgemeine Unsicherheit und Orientierungslosigkeit breitester Bevölkerungsschichten ist nicht mehr mit den Mitteln der individualisierenden Sozialkontrolle traditioneller Art, dem Strafrecht, einzuhegen. Diese Unsicherheit ruft nach rechtsstaatsverzehrenden Kontrollformen einer Sicherheitsgesellschaft, die zu ihrem scheinbaren Schutz bereit ist, die Grundlagen des Rechtsstaats aufzugeben, zu Gunsten einer Sicherheit, die keine ist.

Die neuen Bedürfnisse sozialer Kontrolle, die nicht mehr an der Veränderbarkeit des Individuums anknüpfen, sondern nur noch ein Sicherheitsversprechen bezüglich gesellschaftlicher Risikostrukturen vorgeben, lassen sich infolge der komplexeren Sicherheits-Anforderungen nicht mehr rechtsstaatlich kontrollieren, sondern nur noch als schuldunabhängige Sicherungsmaßnahmen[18] organisieren. Diese Logik lautet, »dass man Gewohnheitsverbrecher vor dem Verbrechen und nicht danach unschädlich machen soll« – wie es schon Joseph Goebbels in seinem Tagebuch formulierte und – im Gespräch mit Hitler einig – ergänzte: »Dass das unsere Juristen niemals verstehen werden«.[19] Diese Einschätzung ist kein Kompliment für die herrschende juristische Meinung im heutigen Sicherheitsdiskurs.

Der nationalsozialistische Gewaltstaat hat diese Überholung des Rechtsstaates – vom juristischen Prinzipiendenken befreit – modellhaft belegt: Das Konzentrationslager folgt dem Strafvollzug als dauerhaftes Instrument der Herrschaftssicherung. Guantánamo zeigt, dass das ›Modell Konzentrationslager‹ nicht nur historischer Unfall, sondern dauerhafte Gefährdung und permanente Erosion rechtsstaatlicher Prinzipien ist. Und vor allem wird die Kontinuität der Rechtsvernichtung durch die auf Sicherheitsmaximierung fixierte Politik der Mehrheitsdemokratie belegt: Nahezu monatlich überbietet sich die Innenpolitik mit freiheitsverzehrenden – scheinbaren – Sicherheitsempfehlungen, wie rückwirkender Sicherungsverwahrung, akustischer Wohnraumüberwachung, präventiven flächendeckenden Abhörens des Telefonverkehrs, Vorratsdatenspeicherungen, automatisierter Kfz-Kennzeichenabgleich, Online-Durchsuchung, Abschuss Unbeteiligter in Verkehrsflugzeugen, videoüberwachter Kontrollen des privaten Raums.

Das Bundesverfassungsgericht judiziert[20] mit Mühe die Verfassungswidrigkeiten einer aus den rechtsstaatlichen Fugen geratenen Exekutive und Legislative. Aber wie lange noch? Die Richter in Karlsruhe korrigieren zur Zeit zwar deutlich verfassungs-

18 *Mushoff*, Strafe (o. Fn. 16), 2007.
19 *Joseph Goebbels*, Tagebücher, Band 4, R.G. Reuth (Hrsg.), 2000, S. 1455.
20 BVerfGE 109, 279 ff. (akustische Wohnraumüberwachung); BVerfGE 115, 118 ff. (Luftsicherheitsgesetz), NJW 2006, S. 751 ff.; BVerfGE 120, 274 ff. (Online-Durchsuchung), NJW 2008, S. 822 ff.; BVerfGE 120, 378 ff. (Automatische Kennzeichenerfassung).

widrige legislative Sicherheitsversprechen der Politik, aber die Politik korrigiert und kontrolliert auch die Rekrutierung ihrer – scheinbar unabhängigen – Richter-Kontrolleure. Gerade diese politische Selektion bereitet aus rechtsstaatlicher Sicht die größte Sorge.

III. *Freudlose Conclusionen*

Meine bisherige Skizze der Erosion des Rechts – alteuropäisch als Rückkehr in den Naturzustand bezeichnet – ist getragen von Umbrüchen der Globalisierung, von Prozessen politisch-ökonomischer Hegemonie und von einem nahezu unschlagbaren Sicherheitsdiskurs, der dem Modell des perpetuum mobile folgt. Wie kann es hier überhaupt einen Ausweg geben? Die Systemtheorie bietet – jedenfalls in ihrer neueren Variante – keinen Optimismus. Verfassungsrechtlich kehrt Ernüchterung ein, es bleibt nur der Rückzug auf absolute Politiksperren. Immerhin! Und bei alledem versagt der traditionelle Aufklärungsmotor einer kritischen Wissenschaft immer mehr.

1. *Systemtheoretische Depression*

Wir sind Zeitzeugen der Auflösung traditioneller, staatlicher und gesellschaftlicher Koordinaten. Der Staat zieht sich aus seinen Aufgaben zurück, an seine Stelle treten private transnationale Kollektivakteure. Sie sehen sich Beschuldigungen und gerichtlichen Klagen ausgesetzt, im Rahmen »privater« Verpflichtungen gegen fundamentale Menschenrechte verstoßen zu haben. *Gunther Teubner* zeichnet das bezüglich der katastrophalen Aids-Epidemie nach,[21] deren Todesopfer weltweit die Zahl der Toten aller Bürgerkriege der 90er Jahre übersteigen. Hier stellt sich international die Frage, ob die Preispolitik multinationaler Pharma-Unternehmen fundamentale Menschenrechte verletzt. Aber ist das eine Frage mittelbarer Drittwirkung von Grundrechten? Sind Private überhaupt grundrechtspflichtig? Die amerikanische Sicherheitsfirma Blackwater ist ein böses Beispiel für die Ausschaltung von Menschenrechten, an die Private sich rechtlich nicht binden lassen.

Die Systemtheorie würde dieses Beispiel als eine »Verselbständigung von Kommunikationsnetzwerken« unter gleichzeitiger radikaler »Exklusion der Menschen aus der Gesellschaft« bezeichnen.[22] Institutionengerechtigkeit muss sich aus dieser Sicht dem Problem der unüberbrückbaren Differenz von gesellschaftlichen Institutionen und den konkreten Menschen stellen. Die weit fortgeschrittene Fragmentierung der Gesellschaft lässt Gerechtigkeit von spezialisierten gesellschaftlichen Institutionen, so genannten Subsystemen, nur noch als Umweltproblem und nicht mehr als Vertei-

21 *Teubner*, Die anonyme Matrix: Zu Menschenrechtsverletzungen durch »private« transnationale Akteure, Der Staat 2006, S. 162 f.
22 *Teubner*, Die anonyme Matrix (o. Fn. 21), S. 168.

lungsproblem entstehen. Systemtheoretisch formuliert werden traditionelle ›divisionale Grundrechtskonzepte‹, d.h. der Mensch ist Teil der Gesellschaft, von ›ökologischen Grundrechtskonzepten‹ abgelöst, d.h. der Mensch ist für immer aus der Gesellschaft verbannt, diese kennt höchstens noch ›Personen‹ im Sinne von »Adressen und Erwartungsbündeln«.[23]

Hieraus folgert die Theorie ein Umdenken des Problems der Menschenrechte:[24] Der Umstand, dass Menschen nicht Teil der Gesellschaft sind, sondern ihr in nicht überwindbarer Trennung gegenüber stehen, führt zur Nichtbeherrschung von Kommunikation und zum Ausschluss der Menschen hiervon. Die Kommunikation verselbständigt sich gegenüber den Menschen. Teubner lässt das praktisch werden. Seine Extrembeispiele sind: »Tötung durch Befehlskette, ›sweatshops‹ als Konsequenz anonymer Marktkräfte, Märtyrer als Resultat religiöser Kommunikation, politische oder militärische Folter als Identitätszerstörung«.[25] In dem lebens- und bewusstseinsbedrohenden Potential eines dauerhaften Ausschlusses aus gesellschaftlicher Kommunikation liegt der »Kern der Problematik der Menschenrechte«. Deswegen steht für die Menschenrechtsfrage heute das Problem der Fragmentierung der Gesellschaft im Zentrum. Die Forderung lautet, »neuartige Garantien zu entwickeln, die eine Begrenzung gesellschaftlicher Destruktionspotentiale gegenüber Leib und Leben möglich machen«.[26] Grund- und Menschenrechte sind aus dieser Sicht also soziale und rechtliche Gegeninstitutionen zu Expansionstendenzen von Sozialsystemen. Menschen werden weniger von Mitmenschen bedroht, sondern von anonymen kommunikativen Prozessen, also von Organisationen und Regimes, die überhaupt erst einmal identifiziert werden müssen.[27] Menschenrechte müssen somit der Gefährdung der einzelnen Menschen durch eine Vielzahl anonymer und verselbständigter, heute globalisierender Kommunikationsprozesse entgegenwirken. Sie dienen damit als *»negative Schranken gesellschaftlicher Kommunikation«*. Das ist auch eine Botschaft für die unentwegte Forderung nach neoliberaler Globalisierung aller Märkte!

Teubner sieht für die Gerechtigkeitsfrage keine Lösung. Das will er in aller Härte angesprochen haben.[28] Hoffnung kann es schon insofern nicht geben, da im Zuge der Globalisierung Subsysteme zunehmend anonymisieren und unkontrollierte Einflüsse zunehmen. Die Gerechtigkeit der Menschenrechte – und zu allererst der Menschenwürde – könne dann allenfalls negativ formuliert werden: »Sie ist auf die Beseitigung ungerechter Zustände, nicht auf Perfektion gerechter Zustände, gerichtet«[29] und ist wohl nur als Protest gegen die Unmenschlichkeiten der Kommunikation möglich.

23 *Teubner*, Die anonyme Matrix (o. Fn. 21), S. 170.
24 *Teubner*, Die anonyme Matrix (o. Fn. 21), S. 169.
25 *Teubner*, Die anonyme Matrix (o. Fn. 21), S. 171.
26 *Teubner*, Die anonyme Matrix (o. Fn. 21), S. 176.
27 *Teubner*, Die anonyme Matrix (o. Fn. 21), S. 179 f.
28 *Teubner*, Die anonyme Matrix (o. Fn. 21), S. 185.
29 *Teubner*, Die anonyme Matrix (o. Fn. 21), S. 186.

2. *Verfassungsrechtliche Ernüchterung*

Mit traditionellen rechtsdogmatischen Mitteln kann man den globalen Rechtsabbau, der immer auch ein Menschenrechtsproblem ist, nicht lösen und die Erosionen und den Abbau des Rechts nicht endgültig aufhalten. Die Beschreibungen von Prozessen der Ent-Individualisierung, der Ent-Relativierung von Verhältnismäßigkeit als rechtlicher Schranke staatlicher Gewaltanwendung und die Ent-Differenzierung der Apparate öffentlicher Sicherheit sind nur eine – wenn auch nachvollziehbare – Klage aus öffentlich-rechtlicher Sicht.

Ich habe nicht viel Ermutigendes hinzuzufügen: Wir müssen bei der Suche nach einem festen Ufer für die Menschenrechte erst einmal dem Positivismus eine Absage erteilen. Es sei »unsinnig« – so Teubner – »Menschenrechte als Entscheidung des politischen Souveräns (…) im positiven Recht zu formulieren«[30]: Menschenrechte seien in dem Sinne vor- oder außerpolitisch und vor- oder außerrechtlich.

Was hilft zu deren Schutz? Gegen die Zerstörungswirkungen der Sicherheitsgesellschaft hilft ganz offensichtlich nur ein Menschenrechtsschutz, der absolute Politiksperren errichtet. Es hilft nicht die Positivität des Gesetzes, diese ist blitzschnell zu beseitigen. Es kann nur von außen kommende, auf historischer und sozialer Erfahrung basierende rechtliche und moralische Kontrolle im Sinne freiheitssichernder Menschenrechte helfen, die die Funktion staatskritischer Absolutheitsregeln haben.

Wolfgang Naucke hat mit einer bedrückenden Analyse unlängst nachgewiesen, dass im Positivismus der Mehrheitsdemokratie die »Freigabe der Vernichtung lebensunwerten Lebens«[31] unwidersprochen zum politischen Programm erhoben werden konnte, wie es der Jurist Binding und der Psychiater Hoche – beide bis heute höchst angesehen – dem Gesetzgeber wohlfeil unterbreitet hatten. Obwohl der junge demokratische Prozess 1920 noch ein paar Jahre brauchte, bevor andere das Programm abgerufen und politisch umgesetzt haben, war es bis in alle Einzelheiten hinein vorgefertigt. Gegen säkular-pragmatische Hierarchien von Lebenswerten für die Gesellschaft ist kein positivistisches Kraut gewachsen, solange kein prinzipielles Abwehrmittel bereit steht.[32] Die Mehrheitsdemokratie stellt Anforderungen je nach gesellschaftlicher Problemlage. Die einen nennen das Freigabe der Vernichtung lebensunwerten Lebens, die anderen sprechen von rechtsstaatlicher Sterbehilfe[33] – jeweils natürlich streng verrechtlicht und staatlich kontrolliert. Aber warum sollten in einer Gesellschaft, die das Szenario steter Überalterung an die Wand malt, nicht auch Sterbehilfen für »Altersschwache, Arbeitsinvaliden, schwer kriegsverletzte Soldaten« möglich sein? Wenn schwer Geisteskranke »lebensunwert« seien, warum dann nicht auch diese Bevölkerungsgruppen? Die Frage hat Bischof von Galen am 3. August 1941 in seiner berühmten, mutigen Predigt in der St.-Lamberti-Kirche in Münster

30 *Teubner*, Die anonyme Matrix (o. Fn. 21), S. 172 f.

31 *Naucke*, Einführung: Rechtstheorie und Staatsverbrechen, in: Binding/Hoche, Die Freigabe der Vernichtung lebensunwerten Lebens – Ihr Maß und ihre Form (1920), 2006.

32 *Naucke*, Rechtstheorie und Staatsverbrechen (o. Fn. 31), S. XLIII.

33 Vgl. hierzu im Überblick *Neumann/Saliger*, Sterbehilfe zwischen Selbstbestimmung und Fremdbestimmung – Kritische Anmerkungen zur aktuellen Sterbehilfedebatte, HRRS 2006, S. 280 ff.

gestellt.[34] Die Unerschrockenheit dieses katholischen Bischofs hatte anschließend selbst Adolf Hitler bewogen, das Vernichtungsprogramm für Geisteskranke zumindest stark zu reduzieren bzw. zu verschieben.[35] Das Beispiel will zeigen, dass auch ein theologisch-ethischer Fundamentalismus als Menschenrechtsschutz außerrechtlicher Art selbst staatlichem Terror Grenzen zu setzen vermag.

So weit, wie wir nun meinen könnten, sind wir von der Menschenrechtswidrigkeit aber leider auch heute wieder nicht entfernt. Der Abgeordnete *Friedrich Merz* hat jüngst in einem Sammelband »Wachstumsmotor Gesundheit« dem Autor *Konrad Adam* folgende Darlegung ermöglicht: »Die Erörterung der Frage, ob eine Verlängerung des Lebens um zwei oder drei Monate Aufwendungen in fünf- oder sechsstelliger Höhe rechtfertigt, wird sich dann nicht länger mit der Kampfvokabel »unsozial« abwürgen lassen. Die leistungsfähigen Mitglieder der Jugend werden sich weigern, einen immer größeren Teil ihres Einkommens für die Versorgung von Menschen herzugeben, mit denen sie nicht mehr verbindet als eine abstrakte Versicherungsnummer.«[36] *Friedrich Merz* hat sich in der *Wirtschaftswoche* hierzu wie folgt eingelassen: »Diese Frage wird natürlich gestellt, auch von einigen Autoren des Buches. Das muss erlaubt sein. Die Antwort der Politik darauf erfordert eine breite gesellschaftspolitische Diskussion.«[37]

Darauf gibt es nur eine Antwort: Nicht die Positivität des Gesetzes, sondern das Setzen von Schranken vor und für das Gesetz sind prinzipielle Abwehrmittel im Sinne absoluter Politiksperren für den Menschenrechtsschutz. Hier treffen sich so unterschiedliche Wissenschaftler wie *Wolfgang Naucke* und *Gunther Teubner*. Mit beiden wollen wir Einigkeit insofern herstellen, dass sich Relativierungen der Menschenwürde nur mit scharfer begrifflicher Abwehr immer von Neuem begegnen lässt, wenn sie »auf dem lebenden Recht der Menschenrechte, das aus kommunikativen Konflikten in Politik, Moral, Religion, Recht und ihren dort erkämpften Ergebnissen entsteht«[38], aufbaut. Das ist eine von außen kommende rechtliche und moralische Kontrolle, die staatskritische Absolutheitsregeln erst möglich macht. Nennen wir dies nun »Protest gegen Unmenschlichkeiten der Kommunikation« (*Teubner*), »vor-säkulare Kontrollmechanismen«[39] oder »absolut verbindliche Menschlichkeit«[40] (*Naucke*), so gilt im Ergebnis jedenfalls Abwägungsfestigkeit.

Der Abwägungsneutralismus, der schon als »Mittelweg«[41] beschrieben wird, und der die Forderung eines »rechtsstaatlichen Sicherheitsstrafrechts« auf seine Fahnen geschrieben hat, ist demgegenüber ein gefährlicher Weg. Nicht mehr der Schutz des Bürgers vor dem machtvollen Zugriff des Staates wird hier als Aufgabe der Grundrechte gesehen, sondern »die ›gefühlte Bedrohung‹, die Verbrechensfurcht der Wählerinnen und Wähler, wird am Ende über die reale Kriminalpolitik entscheiden – und

34 Nachweis bei *Naucke*, Rechtstheorie und Staatsverbrechen (o. Fn. 31), S. XLII-XLIV.
35 Siehe dazu *Joseph Goebbels*, Tagebücher (o. Fn. 19), S. 1525, 1652, 1701 (Fn. 203).
36 *Merz (Hrsg.)*, Wachstumsmotor Gesundheit – Die Zukunft unseres Gemeinwesens, 2008, S. 116.
37 Wirtschaftswoche vom 14.04.2008, Nr. 16, S. 16.
38 *Teubner*, Die anonyme Matrix (o. Fn. 21), 173.
39 *Naucke*, Rechtstheorie und Staatsverbrechen (o. Fn. 31), S. LIII.
40 *Naucke*, Rechtstheorie und Staatsverbrechen (o. Fn. 31), S. LIII.
41 *Arnold*, Karl Marx und das Holzdiebstahlsgesetz, in: Festschrift Eser, 2005, S. 45, Fn. 93. Siehe auch *Alexa Albrecht*, Erosionen der Menschenrechte, 2007, S. 69 ff., die drei Varianten theoretischer Einsichten zur Sicherheitsgesellschaft beschreibt.

das, im demokratischen Staat, mit Recht« – so der Richter *Hassemer*.[42] Aus der Feder eines – jetzt pensionierten – Hüters der Verfassung ist diese Position schon selbst Beleg für die fortschreitende Erosion des Rechtsstaates aus der Sicht der Mehrheitsgesellschaft. Es ist nicht Aufgabe des Rechts, durch kontraproduktive Rechtssetzung den Bürgern Ängste scheinbar zu nehmen. Gefragt ist vielmehr eine breite Aufklärung über Wandlungsprozesse der sozialen Kontrolle und deren Ursachen, die den Souverän – die Bürgerinnen und Bürger – nur durch Aufklärung und Bildung erreichen können. Wer die Erosionen der Menschenrechte in der Sicherheitsgesellschaft angehen, d.h. wohl nur noch zeitweilig aufhalten will,[43] der muss erst einmal die »Vorstellungen über Abweichungen und Strafe als das entlarven, was sie sind: als kontingente, produzierte soziale Kategorien, die in ihrer derzeitigen Form den Raum für eine Lösung sozialer Konflikte verstellen«.[44]

3. *Aufklärungsversagen der Wissenschaft*

Nun sind wir endlich angelangt an der Aufgabe der Wissenschaft: Aufklärung tut Not! Wer anders als eine kritische Wissenschaft, die die diversen Bedrohungsszenarien, die diffuse Risikoangst und die unsterbliche Sehnsucht nach absoluter Sicherheit mit Fakten widerlegen könnte, ist hier gefordert – könnte man meinen. Aber zum einen wäre auch das nur der vergebliche Versuch, einen kritischen Geist gegen die Macht und die Herrschaft einer hegemonialen Ökonomie Stellung beziehen zu lassen. Und zum anderen fehlen – will man Aufklärung gleichwohl nicht aufgeben – in Zukunft die kritischen und aufmüpfigen Forschernaturen aus dem ehemaligen System staatlich geförderter Wissenschaft bald völlig. Das deutsche Universitätssystem wird selbst zum ökonomischen Subsystem und muss sich als System im Konzert der übrigen Mächte behaupten.

Die aktuelle Wissenschaftspolitik verkennt, dass »Universität« aus einer Ansammlung von unabhängigen, kreativen, und leistungswilligen *wissenschaftlichen Individuen* besteht. Diese haben in Jahrhunderte langer Tradition in Eigenverantwortung und nach dem Prinzip der autonomen Bestenauslese Wissenschaft geschaffen und geprägt. Nicht die jeweilige staatliche Verfasstheit hat die Universitäten zu dem gemacht, was sie einmal waren, sondern die Unabhängigkeit, Neugierde und Schaffenskraft tatkräftiger, kritischer und unerschrockener Individuen. Das waren und sind die universitären Eliten, um die der Staat einen Schutzzaun ziehen muss, damit sie auch im gesellschaftlichen Interesse freiheitliche Wissenschaft, das heißt vor allem Kritikfähigkeit produzieren und fördern können. Freiheit in Forschung, Lehre und Studium liegt insofern nahe bei staatsbürgerlicher Aufmüpfigkeit.

Die wissenschaftspolitische Forderung an die Universitäten, sich dafür notwendiges Geld als sogenannte Drittmittel bei den zu Kritisierenden selbst zu beschaffen, kommt

42 *Hassemer*, Sicherheit durch Strafrecht, StV 2006, S. 329.
43 *Alexa Albrecht*, Erosionen der Menschenrechte (o. Fn. 41), S. 190 ff.
44 *Singelnstein/Stolle,* Die Sicherheitsgesellschaft (o. Fn. 3), S. 143. Zu den Bedrohungsszenarien des Sicherheitsstaates: »Ausländerkriminalität«, »Organisierte Kriminalität« und »Terrorismus« im Überblick *P.-A. Albrecht*, Kriminologie (o. Fn. 1), §§ 42-44.

einem politischen Naivismus gleich, der seinesgleichen sucht. Landauf und landab wird von den Universitäten »Spitzenforschung« und »Spitzenausbildung« für den Standort Deutschland erwartet. Außerdem müssen sie den Nachwuchs für die gesamte Grundlagenforschung ausbilden. Jedermann weiß, dass hierzu ein freiheitliches intellektuelles Klima und gute äußere Arbeitsbedingungen notwendig sind. Die Realität an den Universitäten ist jedoch anders. Die Universitätsausbildung verkommt.

Es ist ein schlimmer Trick der Wissenschaftspolitik, die Probleme der Massenuniversität, vor allem die durch die Menge erzwungene Tendenz zur Verschulung zu ignorieren, zugleich aber die Folgen der Massenuniversität zu verrechtlichen. Anpassung und Ruhe sind die erste Pflicht aller Universitätsangehörigen. Die Arbeitsplätze der Studierenden und der Dozenten in den Großhörsälen bleiben unwürdig, wie sie sind: jede Konzentration tötend, Fluchtinstinkte schürend. Das »Personal« arbeitet seit über zwanzig Jahren in »Überlast«. Diesen Zustand erklärt man kurzer Hand zur »Normallast«. Der Zerfall der Universitäten wird Gesetz. Hochschulpolitik als Gestaltung, als Verfassung des unerhörten wissenschaftlichen und menschlichen Problems »Massenuniversität« gibt es nicht. Angesichts der sich zuspitzenden katastrophalen Realität der Universitätslandschaft in Deutschland mutet die Diskussion über die Heraushebung einiger »Elite-Universitäten« als hochschulpolitischer Zynismus an. Dass die Verantwortungsträger, meistens politische Funktionäre, nahezu ahnungslos sind, ist keine erschöpfende Erklärung, sondern ein weiteres Indiz für den geringen Stellenwert, den der Mensch in den Konzepten politischer Parteien heute einnimmt.

Erforderlich wären Maßnahmen zur Behebung der Schwierigkeiten für freie Forschung und Lehre an allen Universitäten.[45] Die aktuelle Wissenschaftspolitik verbraucht hingegen den personellen und sachlichen Rest an Universität, den es noch gibt. Diese Politik weckt nicht die Bereitschaft zur Auseinandersetzung über Theorie, Organisation und Finanzierung einer modernen Universität, sondern weckt Zorn über das Schleifen der Universitäten als Stätten der Einheit von Forschung und Lehre. Kontraproduktiv und verwerflich ist es, scheinbar nützliche gegen scheinbar weniger nützliche Wissenschaften und Personen auszuspielen, um in Zeiten knapper Ressourcen den Kampf hierum als Hochschulpolitik auszugeben. Auch der Versuch, mittels neuzeitlicher Managementmethoden Fachbereiche an die wissenschaftliche und ökonomische Kette zu legen, stellt neben der faktischen Entmündigung einen schwerwiegenden Verstoß gegen die verfassungsrechtlich garantierte Wissenschaftsfreiheit dar und führt zum Tod des innovativen Individualismus an den deutschen Universitäten.

Wer soll die Bürger also aufklären über den Abbau des Rechts und den Sieg ausschließlich des Rechts der Stärkeren? Die Hoffnung Jüngerer konzentriert sich auf die Zivilgesellschaft, die absolute Grenzen jedweden Zugriffs auf Menschrechte reklamieren müsse und der Gesellschaft kritische Aufklärung über die destruktiven Wirkungen von Transformationsprozessen schuldig sei.[46] Nur zivilgesellschaftliche Selbstbeobachtungen – so hofft man – seien in der Lage, Verletzungen der Menschen-

45 Vgl. hierzu die *Resolution der Hochschullehrer des Fachbereichs Rechtswissenschaft der Johann Wolfgang Goethe-Universität*, KritV 2007, S. 228 ff.

46 *Alexa Albrecht*, Erosionen der Menschenrechte (o. Fn. 41), S. 193.

rechte durch kommunikative Netzwerke festzustellen. Hierfür gibt Teubner den Blick frei, freilich weniger vom Recht begleitet: »Entscheidend ist der ›Moment‹: die Simultaneität von Bewusstsein und Kommunikation: der Schrei, der den Schmerz ausdrückt. Daher die Nähe der Gerechtigkeit zu spontanen Empörungen, Unruhen, Protesten und ihre Ferne zu philosophischen, politischen und juristischen Diskursen.«[47]

47 *Teubner*, Die anonyme Matrix (o. Fn. 21), S. 187.

Absprachen im Strafprozess – Selbstenthauptung der Strafrechtspflege?

*Martin Niemöller**

I. *Einleitung*

Absprachen im Strafprozess, das ist eine schier endlose Geschichte. Gerade in jüngerer Zeit sind spektakuläre Strafprozesse mit einem *deal*, also einer Verständigung über das Verfahrensergebnis, zum Abschluss gebracht worden – und haben auch die Öffentlichkeit bewegt und erregt: der *Mannesmann*-Prozess (2006), die Strafverfahren gegen den einstigen Innenminister *Kanther*, den früheren VW-Personalvorstand *Hartz* (2007), den Großspediteur *Betz* (2008). Weitere Fälle werden folgen. Noch viele gehören zur Familie. Das Thema – ein »Dauerbrenner«. Es beschäftigt die Strafjustiz seit mehr als drei Jahrzehnten.

Die Rechtsprechung, namentlich die des Bundesgerichtshofs, war vielfach mit Absprachen befasst, meist allerdings mit den gescheiterten oder missratenen, die gelungenen bleiben ja buchstäblich unangefochten. Im Frühjahr 2005 hat sein *Großer Senat für Strafsachen* dringlich an den Gesetzgeber appelliert, eine Regelung zu treffen[1]. Das zeigte Wirkung. Vorschläge[2] wurden gemacht: von den Berufsverbänden der Richter, Staatsanwälte und Strafverteidiger, auch von Einzelpersonen[3], teils in der beliebten Form der Eckpunktepapiere, teils in der Form expliziter Gesetzesentwürfe[4].

Die Politik, Adressatin des höchstrichterlichen Appells, reagierte. *Niedersachsen*[5] und der *Bundesrat*[6] taten sich durch Gesetzesinitiativen hervor. Im *Bundesministerium der Justiz* entstand ein *Referentenentwurf* – er trägt das Datum vom 16. Mai 2006[7]. Das ist nun auch schon wieder zwei Jahre her.

* Richter am Bundesgerichtshof i. R. Inzwischen ist – entgegen der Prognose des *Verf.* – das Gesetz zur Regelung der Verständigung in Strafverfahren vom 29.7.2009 (BGBl. I 2353) ergangen; siehe dazu den Kommentar von *Niemöller/Schlothauer/Weider*, VerstG, München 2009.

1 BGHSt 50, 40, 64.

2 Eine Wiedergabe und Würdigung aller Entwürfe (siehe die folgenden Fn.) findet sich bei *Huttenlocher*, Dealen wird Gesetz, 2007, dort auch eine tabellarisch-synoptische Gegenüberstellung der Regelungsvorschläge zu den wichtigsten Einzelfragen, S. 521 ff.

3 Z. B. der Entwurf von *Nack* (Vorsitzender im 1. Strafsenat des BGH), BRAK-RS 111/2006, wiedergegeben bei *Huttenlocher,* Dealen wird Gesetz (o. Fn. 2), S. 436 sowie dessen eigener Vorschlag (o. Fn. 2), S. 489.

4 Gesetzesvorschlag des Strafrechtsausschusses der Bundesrechtsanwaltskammer (BRAK-E), September 2005, NJW-Sonderdruck (2006), Der Deal im Strafverfahren, S. 3, Zusammenfassung in ZRP 2005, S. 235; Vorschlag des Deutschen Anwaltvereins (DAV-E), August 2006, Text bei *Huttenlocher*, Dealen wird Gesetz (o. Fn. 2), S. 448 f.; Eckpunkte der Generalstaatsanwälte (GStA-Eckpunkte), 24. 11. 2005, NJW-Sonderdruck, S. 9.

5 BRDrucks. 235/06, 29.3.2006.

6 BTDrucks. 16/4197, 31.1.2007.

7 Im Internet zugänglich über http://www.bmj.bund.de; Text auch bei *Huttenlocher,* Dealen wird Gesetz (o. Fn. 2), S. 322 ff.

Was ist seitdem geschehen, was steht bevor? Ich habe mich im Frühjahr beim Bundesjustizministerium nach dem Stand der Dinge erkundigt. Mit *E-Mail vom 1. April* bekam ich die Auskunft, der Gesetzentwurf werde »derzeit mit den Bundesressorts abschließend abgestimmt« – »zum weiteren zeitlichen Ablauf« könne man »keine Vorhersagen treffen«. Das klingt nicht besonders verheißungsvoll. Eher lässt sich vermuten, dass es in dieser Legislaturperiode, die ja nächstes Jahr endet, keine gesetzliche Regelung mehr geben wird. Die Zeit reicht einfach nicht mehr. Die Zielgerade, auf der die Regelung noch letztes Jahr zu sein schien[8], erweist sich als Sackgasse.
Das ist nicht zu bedauern. Im vergangenen Jahr hat mein Exkollege *Thomas Fischer* einen *Appell zum Innehalten* verfasst und überzeugende Gründe dafür genannt[9]. Die Lage ist unübersichtlich. Das liegt zum einen an der Vielstimmigkeit der fachlichen Meinungsbeiträge. Allein in den letzten 5 Jahren sind über 100 Publikationen erschienen, Monographien, Aufsätze, Wortbeiträge auf Tagungen, eine selbst für den *Insider* kaum mehr zu überschauende Vielfalt. Es liegt zum anderen auch daran, dass die Berufsorganisationen der Professionellen in wesentlichen Punkten uneins sind, und das nicht nur untereinander, sondern teilweise sogar im eigenen Haus: so ist innerhalb der Strafverteidigerzunft ein Graben fundamentaler Gegensätze aufgebrochen[10]. Man diskutiert, schlägt vor, billigt, lehnt ab, streitet, verkämpft sich. Der Gesetzgeber täte daher gut daran, die weitere Auszeit zu nutzen. Die Sache eilt nicht, sie ist heute nicht eiliger als vor einem Jahrzehnt. Aber gründlicher Behandlung bedürftiger denn je. Und es besteht immerhin Hoffnung, dass der Streit zum Erliegen kommt und ein gewisser Erschöpfungszustand einkehrt. Gelegenheit für den Gesetzgeber, sich einen Überblick zu verschaffen, Bilanz zu ziehen, die Regelungsoptionen neu zu bedenken, um in der nächsten Legislaturperiode seine Wahl zu treffen.

II. *Die Rechts- und Sachlage im Strafprozeß*

Was kann man dazu beitragen? Ich habe nicht vor, auf die Seite derer zu treten, die den *deal* verdammen, und ebenso wenig möchte ich die Partei derer ergreifen, die ihn als Krönung eines übergreifenden Konsensprinzips feiern. Ich will auch nicht den Streit darüber fortsetzen, ob die Absprache mit den tragenden Prinzipien des Strafprozessrechts vereinbar ist. Dazu gibt es Äußerungen genug, und ich möchte nicht nach der Devise verfahren »Es ist zwar schon alles gesagt worden, aber noch nicht von jedem«. Zudem sind diese Prinzipien für den Gesetzgeber nicht ausnahmslos sakrosankt, und eben der ist jetzt am Zuge. Sinnvoll ist es jedoch, sich – erstens – über den rechtlichen und tatsächlichen Ist-Zustand zu vergewissern und – zweitens – von hier aus einige Probleme zu erörtern.

8 *Nehm,* StV 2007, 549.
9 *Fischer,* NStZ 2007, 433.
10 Siehe einerseits den Gesetzesvorschlag des Strafrechtsausschusses der Bundesrechtsanwaltskammer (BRAK-E, o. Fn. 4), andererseits dessen harsche Ablehnung durch den Strafrechtsauschuss des Deutschen Anwaltvereins, StraFo 2007, 89.

Zunächst ein Wort zur Begrenzung des Themas: Nicht zu behandeln sind die *im Gesetz* vorgesehenen Möglichkeiten der Verfahrensbeendigung. Dazu gehört die Verfahrenseinstellung *vor* der Hauptverhandlung (§§ 153 ff. StPO), ebenso die noch *in* der Hauptverhandlung mögliche vorläufige Einstellung des Verfahrens unter Erteilung von Auflagen und Weisungen (§ 153a Abs. 2 StPO), die nicht selten – wie etwa im *Mannesmannprozess* – Gegenstand einer Verständigung ist. Hier geht es nur um die im Gesetz nicht vorgesehene *Urteilsabsprache.*
Der Prototyp der *Urteilsabsprache* ist einfach: Das Gericht verspricht dem Angeklagten, eine milde Strafe zu verhängen oder ein bestimmtes Strafmaß nicht zu überschreiten, falls er die Tat gesteht, dieser tut es, und das Gericht verurteilt ihn dementsprechend. Der *deal* lautet also »Strafmilderung gegen Geständnis«. Nicht selten werden weitere Leistungen vereinbart, auf Seiten des Gerichts und der Staatsanwaltschaft etwa die Einstellung anderer Verfahren, auf Seiten des Angeklagten der Verzicht auf Beweisanträge und Zeugenbefragungen (*Prozessumfangsvereinbarung*), der Verzicht auf die Rückgabe beschlagnahmter Gegenstände oder eine Schadenswiedergutmachung.
Die Vorteile solcher Absprachen liegen auf der Hand. Der Angeklagte gelangt in den Genuss einer Strafmilderung, die er sonst nicht erhielte. Die Belastung durch eine längere Hauptverhandlung mitsamt ihrer stigmatisierenden Wirkung bleibt ihm erspart. Eine zeitraubende und mühsame Beweisaufnahme entfällt. Opferzeugen brauchen keine wiederholten Vernehmungen über sich ergehen zu lassen. Das Verfahren wird einfach und kurz. Das bringt, besonders in schwierigen und umfangreichen Strafsachen, deutlich Entlastung, nicht nur für die Gerichte, sondern für alle Akteure und somit für die Strafjustiz insgesamt. Eine *win-win*-Option der Verfahrenserledigung also? Jedenfalls werden so erhebliche justizielle Arbeitsressourcen eingespart.

1. *Der rechtliche Ist-Zustand*

Vielleicht ist es deshalb kein Zufall, dass die Wiege der modernen Urteilsabsprache im Schwabenland stand, dort, wo man bekanntlich Sparsamkeit schätzt und alles kann – außer Hochdeutsch. Es waren Wirtschaftstrafkammern des Landgerichts Stuttgart, die in den 1970ern den *deal* zuerst mit Erfolg praktizierten. Unterstützung erhielten sie von einem Staatsanwalt, *Schmidt-Hieber*[11], und einer ihrer Vorsitzenden war *Gerhard Schäfer*, der spätere Vorsitzende im 1. Strafsenat des Bundesgerichtshofs. Die folgende Entwicklung, hier nur ganz grob, im Zeitraffermodus: gewichtige Stimmen der Strafprozesslehre – ich nenne nur *Schünemann* – erhoben Einwände gegen den *deal,* und es entstand ein Streit, der bis heute nicht beigelegt ist, obgleich inzwischen – spätestens seit dem Münchener Juristentag 1990[12] – die Befürworter des *deals* in der Überzahl sind. Von den Wogen des Streits erreichten den Bundesgerichtshof nur Aus-

11 *Schmidt-Hieber,* NJW 1982, 1017; *ders.* Verständigung im Strafverfahren, 1986; siehe auch den berühmten Aufsatz von *Detlef Deal* (*Weider*), StV 1982, 545.
12 Verhandlungen des 58. DJT 1990, Bd. II, S.206 ff. (Beschlüsse).

läufer. *Deals*, mit denen die Beteiligten zufrieden sind, kommen nicht auf den Karlsruher Prüfstand. Und die »kranken« oder defekten unterliegen hier nur beschränkter Kontrolle. Das Rechtsmittel der Revision selektiert die Fälle, die den Weg zu ihm finden. So bekam der Bundesgerichtshof nur *Teilprobleme* serviert. *Drei Bereiche*[13] lassen sich – bei einigen Überlappungen – unterscheiden. Im *ersten Bereich* ging es um die Befangenheit von Richtern, denen man vorwarf, bei Vorbereitung oder Abschluss des *deals* andere Verfahrensbeteiligte (Staatsanwalt, Mitangeklagte oder deren Verteidiger) übergangen zu haben. Der *zweite Bereich* umfasste ein Bündel weiterer Fragen: Lag überhaupt eine Absprache vor? Betraf sie womöglich eine unzulässige Leistung? War sie durch Drohung oder Täuschung zustande gekommen (§136a StPO)? Hatte das Urteil den Angeklagten in seinem Vertrauen auf eine gerichtliche Zusage enttäuscht? Im *dritten Bereich* stand zur Entscheidung, ob ein mitvereinbarter Rechtsmittelverzicht gültig ist.

Zur *Kernfrage*, ob die Urteilsabsprache selbst zulässig ist, brauchte der Bundesgerichtshof nicht Stellung zu nehmen[14], tat es aber doch, per *obiter dicta*, die – je nach Senat – zeitweise in unterschiedliche Richtungen wiesen, später aber in den *mainstream* der Auffassung mündeten, dass die Urteilsabsprache unter gewissen Voraussetzungen ein zulässiges Instrument der Verfahrenserledigung sei[15]. Das *Bundesverfassungsgericht* hatte schon 1987 durch eine Kammerentscheidung den Weg dazu geebnet[16]. 1997 hat schließlich der *4. Strafsenat des Bundesgerichtshofs* die Urteilsabsprache ausdrücklich gutgeheißen und Voraussetzungen dafür genannt[17]. Es sind dies die folgenden: Die Mitwirkung aller Verfahrensbeteiligten ist zu gewährleisten. Die Freiheit der Willensentschließung des Angeklagten darf nicht beeinträchtigt werden. Die Verständigung muss in öffentlicher Hauptverhandlung stattfinden; sie ist – wie der wesentliche Inhalt von Vorgesprächen – zu protokollieren. Sie darf nicht den Schuldspruch betreffen. Die Vereinbarung eines Rechtsmittelverzichts ist unzulässig. Dem Angeklagten darf keine bestimmte Strafe zugesagt werden, sondern nur die Einhaltung einer Strafobergrenze. Sein Geständnis muss glaubhaft sein. Bei Zusage und Urteilsfindung sind die allgemeinen Strafzumessungsgründe zu beachten – die Strafe muss schuldangemessen sein. An die Zusage ist das Gericht gebunden, es sei denn, dass sich in der Hauptverhandlung neue, schwerwiegende Umstände zu Lasten des Angeklagten ergeben.

Dem sind die anderen Strafsenate im wesentlichen gefolgt. Umstritten blieb nur die Frage, ob ein abgesprochener Rechtsmittelverzicht des Angeklagten wirksam ist. Der *Große Senat für Strafsachen* hat 2005 diese Frage entschieden, aus diesem Anlass die Urteilsabsprache nochmals erörtert und sie ebenfalls prinzipiell anerkannt[18]. Er hat dabei die vom 4. Strafsenat festgelegten Grundsätze bestätigt und sie lediglich inso-

13 Eine gedrängte Übersicht bringt *Geiger*, FS Nehm, 2006, S. 269, 273 Fn. 20.
14 So auch *Kuckein/Pfister*, FS 50 Jahre BGH, 2000, S. 641, 649 f.
15 Zur Rechtsprechung der Strafsenate des BGH und ihrer Entwicklung *Weigend*, Festgabe 50 Jahre BGH, 2000, Bd. IV, S. 1011, 1017 ff.
16 BVerfG NJW 1987, 2662.
17 BGHSt 43, 195.
18 BGHSt 50, 40. Ausführlich zu dieser Entscheidung wie auch zu den ihr folgenden Gesetzentwürfen und Regelungsvorschlägen *Weigend,* in: *Weigend/Walther/Grunewald* (Hrsg.), Strafverteidigung vor neuen Herausforderungen, 2008, S. 357, 360 ff.

weit modifiziert, als die Bindungswirkung einer Strafmaßzusage schon entfällt, wenn das Gericht bei der Zusage »relevante tatsächliche oder rechtliche Aspekte übersehen« hat. Dies mag als Kurzbeschreibung des rechtlichen Ist-Zustands genügen.

2. *Der tatsächliche Ist-Zustand*

Aber wie sieht der tatsächliche Ist-Zustand aus?

a) *Verbreitung*

Offenkundig ist zunächst, dass sich die Urteilsabsprache in weiten Bereichen der Strafjustiz festgesetzt und verbreitet hat. Besonders im Bereich der Wirtschaftsstrafprozesse. Eindrucksvoll belegt das die Studie von *Altenhain* u. a. (2007)[19], die 2005 insgesamt 142 Juristen, Vorsitzende Richter, Staatsanwälte und Strafverteidiger aus Nordrhein-Westfalen, befragt haben. Alle Befragten waren schwerpunktmäßig im Wirtschaftsstrafrecht tätig. Ein Ergebnis: 95,5 % hatten schon an Verständigungsgesprächen teilgenommen, 57,4 % hatten mehr als die Hälfte ihrer Vorjahrsverfahren »konsensual« erledigt, und 81 % hatten dem Satz zugestimmt »Urteilsabsprachen sind für mich ein unverzichtbares Instrument zur Bewältigung von Wirtschaftsstrafverfahren«[20]. In anderen Bereichen sind Absprachen nicht ganz so häufig – es gibt dazu ältere Untersuchungen[21], aber keine verlässlichen Zahlen aus neuerer Zeit. Gleichwohl steht jedoch eines fest: auch in Strafprozessen außerhalb des Wirtschaftsstrafrechts wird fleißig »gedealt«, vornehmlich in Verfahren des Umwelt-, Steuer- und Betäubungsmittelstrafrechts, aber auch anderswo.

b) *Dealpraxis*

Für die *Deal*praxis[22] sind dabei vor allem drei Besonderheiten kennzeichnend.
Zum einen werden die Absprachen überwiegend *außerhalb* und *vor der Hauptverhandlung* getroffen[23] – die Hauptverhandlung selbst dient nur noch der formalen Beurkundung dessen, was längst im Halbdunkel informeller Gespräche unter den Verfahrensbeteiligten abgemacht worden ist[24]: in der Hauptverhandlung wird also die Hauptsache nicht mehr verhandelt.
Zum zweiten nimmt der Angeklagte, und das gilt im übrigen auch für die Schöffen, an diesen Gesprächen in der Regel nicht teil, er bleibt vielmehr ausgeschlossen und abgeschirmt. Es ist der Verteidiger, der den Inhalt der Absprache mit dem Gericht und der

19 *Altenhain/Hagemeier/Haimerl/Stammen*, Die Praxis der Absprachen in Wirtschaftsstrafverfahren, 2007, S. 53 ff.; im folgenden zitiert mit *Altenhain* und Seitenzahl; zusammenfassend: *Altenhain/Hagemeier/Haimerl,* NStZ 2007, 71.
20 *Altenhain,* S. 55 f., 75 f.
21 *Altenhain,* S. 33 ff. m. w. N.; *Schünemann*, Verhandlungen des 58. DJT 1990, Bd. I Gutachten B, S.17 f.; weitere Nachweise bei *Janke*, Verständigung und Absprachen im Strafverfahren, 1997, S. 19 ff.
22 Anschaulich beschrieben von *Harms*, FS Nehm, 2006, S. 289, 292 f.
23 *Altenhain,* S. 262.
24 *Weigend,* NStZ 1999, 57, 59.

Staatsanwaltschaft aushandelt, um seinen Mandanten dann mit dem fertigen Resultat zu konfrontieren.

Das dritte Charakteristikum besteht darin, dass der Angeklagte, der das Verhandlungsergebnis akzeptiert hat, ein Geständnis ablegt, das sich oft darin erschöpft, den im Anklagesatz beschriebenen Tatvorwurf als richtig anzuerkennen oder ihm nicht entgegenzutreten (»schlankes Geständnis«). Selbst diese Erklärung wird zuweilen allein vom Verteidiger abgegeben und vom Angeklagten dann bloß noch »abgenickt«, gelegentlich mit der Maßgabe, dass Fragen des Gerichts nicht zugelassen werden. Soweit das Geständnis jedoch konkreter gefasst ist, kann auch sein Inhalt schon abgesprochen sein, und es kommt vor, dass der Verteidiger fragt, was sein Mandant denn sagen müsse, um sich die zugesagte Strafmilderung zu verdienen, nach dem Motto »Wie hätten Sie's denn gern?«.

Welche Wirkung die rechtlichen Vorgaben des Bundesgerichtshofs gegenüber dieser Praxis zeigen, ist schwer zu beurteilen. Die Grundsätze des 4. Strafsenats sind als praxisfern und realitätsfremd denunziert worden[25]. Dass sie befolgt werden könnten, also umsetzbar sind, wird kaum bezweifelt, einiges spricht aber dafür, dass die Praxis befürchtet, bei ihrer Befolgung die Möglichkeit zum *Dealen* weitgehend einzubüßen[26]. Das reduziert offenbar ihre Bereitschaft, den Vorgaben Folge zu leisten. Auf dem Richter und Staatsanwalttag in Dresden 2003 erklärten erfahrene Praktiker unter dem lebhaften Beifall einiger hundert Teilnehmer, der Bundesgerichtshof könne sagen, was er wolle, es werde sich sowieso niemand daran halten[27]. Mit anderen Worten: die BGH-Hunde bellen, die Karawane der *Dealer* zieht weiter.

III. *Zur Problematik der Absprachenpraxis*

Was sollte der Gesetzgeber tun? Weitgehend Einigkeit herrscht darüber, dass man dem *deal* nicht freien Lauf lassen darf, ihn aber auch nicht durch ein schlichtes Verbot beseitigen kann, ihn vielmehr einer rechtlichen Regelung unterwerfen muss. Regelungsentwürfe liegen vor. Aber sie vermitteln mit ihrem Detailreichtum bisweilen den Eindruck, als seien ihre Verfasser allzusehr von der Idee fasziniert, hier ein bislang unbestelltes Feld beackern zu können. Und dabei gerät dann leicht aus dem Blick, was mit der vorgeschlagenen Regelung eigentlich bewirkt werden soll und bewirkt werden kann. Aber genau darum geht es. Es geht darum, diejenigen Missbräuche zu verhindern, diejenigen Nachteile auszugleichen und denjenigen Gefahren zu wehren, die in der bisher geübten Praxis der Urteilsabsprache zutage getreten sind.

Die Missbräuche, Nachteile und Gefahren der Urteilsabsprache sind seit langem bekannt. Drei Erscheinungsformen fallen besonders ins Auge: 1. die Ausübung von

25 *Klemke/Elbs*, Einführung in die Praxis der Strafverteidigung, 2007, Rn. 789 halten sie für »nicht praxistauglich«.
26 *Altenhain,* S. 290, 295.
27 Zitiert nach *Fischer,* NStZ 2007, 433 Fn. 8; laut *Widmaier,* NJW 2005, 1985 wird das von den professionellen Akteuren »immer wieder gesagt«.

Druck auf den Angeklagten, 2. die Verkümmerung der Tatsachen- und Beweisgrundlage des Urteils, und 3. die Unterschreitung der schuldangemessenen Strafe.

1. *Die Ausübung von Druck auf den Angeklagten:*

Es kommt vor, dass Gerichte dem Angeklagten die sogenannte »Sanktionsschere« zeigen, um ihn zum Mitmachen beim *deal* zu bewegen. Das geht so: Ihm wird für den Fall, dass er ein Geständnis ablegt, die Einhaltung einer besonders niedrigen Strafobergrenze versprochen (das ist das eine Messer der Schere), und zugleich für den anderen Fall ein sehr hohes Strafmaß angekündigt (das ist das andere Messer der Schere). Der dadurch erzeugte Druck auf den Angeklagten wird umso stärker, je weiter die Schere sich öffnet[28]. Der Bundesgerichtshof war 2007 mit einem Fall befasst, in dem die in Aussicht gestellte Gesamtfreiheitsstrafe *mit* Geständnis 3½ Jahre und *ohne* Geständnis 7-8 Jahre betragen sollte[29].

Nun ist die Anwendung einer derart weit geöffneten Sanktionsschere schon mit dem geltenden Strafprozessrecht nicht vereinbar. Unterschreitet die milde Strafe das Maß des noch Schuldangemessenen, dann liegt in ihrer Ankündigung *das Versprechen eines gesetzlich nicht vorgesehenen Vorteils* – § 136a StPO, das Geständnis ist unverwertbar. Überschreitet die hohe Strafe das noch vertretbare Schuldmaß, dann ist dies derselben Bestimmung zufolge die *Drohung mit einer unzulässigen Maßnahme*, und dasselbe Ergebnis tritt ein. Ist die Spanne zwischen beiden Strafen so weit, dass sie durch den Milderungseffekt eines Geständnisses nicht mehr erklärt werden kann, dann drängt sich stets die Annahme auf, dass die zugrunde liegenden Strafzumessungserwägungen rechtsfehlerhaft sind. Und solche Rechtsfehler kann das Revisionsgericht erkennen und gegebenenfalls auch beanstanden. Aber unterhalb des Gipfelbereichs der Extremfälle versagen die Kontrollinstrumente des Revisionsgerichts – sie zeigen schlicht nicht mehr an. Denn einerseits ist die schuldangemessene Strafe kein Fixum, sondern eine tatrichterlich zu bestimmende Größe innerhalb eines recht weiten Rahmens (Spielraumtheorie), andererseits ist dem Revisionsgericht eine eigene Strafzumessung verwehrt. Und aus dem gleichen Grund kann das Revisionsgericht auch den Strafmilderungseffekt eines Geständnisses nicht selber exakt bestimmen.

Gar keine Abhilfe bietet das Rechtsmittel der Revision gegen die sogenannte »Sanktionsfalle«. Darum handelt es sich, wenn das Gericht für den Fall eines Geständnisses genau die Strafe »auslobt«, die es ohnehin in Betracht zieht. Dann bekommt der Angeklagte, der sich darauf einlässt, in Wirklichkeit nichts für sein Geständnis, ähn-

28 Nach den Untersuchungsergebnissen von *Altenhain/Hagemeier/Haimerl,* NStZ 2007, 71, 73 ist die »Sanktionsschere« ein sehr wirkungsvolles Instrument zur Herbeiführung von Urteilsabsprachen, laut *Riess*, FS-Richter II, 2006, S. 433, 442 ist ihre Benutzung »keine abstrakte Horrorvision, sondern traurige Realität«.

29 BGH NStZ 2008, 170; vorher schon BGH StV 2004, 470 (Bei Geständnis und Schadenswiedergutmachung Freiheitsstrafe von 2 Jahren mit Bewährung, sonst 6 Jahre), BGH StV 2005, 201 (Staatsanwalt soll angekündigt haben, er werde bei Geständnis eine Freiheitsstrafe von 3½ Jahren, sonst womöglich eine solche von 6-7 Jahren beantragen). »Nötigungssituationen« schildert auch *Jungfer,* StV 2007, 380, 383; eine weitere Falldarstellung und -bewertung bei *Hamm*, in: *Nelles/Vormbaum* (Hrsg.), Welp-Kolloquium, 2006, S. 57, 61 ff.

lich dem Käufer eines im Preis nur scheinbar herabgesetzten »Schnäppchens«. Oder das Gericht verhängt – verärgert über eine *Deal*verweigerung des Angeklagten – nach streitiger Verhandlung unbewusst und jedenfalls unerkennbar eine höhere Strafe als im selben Fall sonst (»Ungehorsamsstrafe«).

Wie kann dem Missbrauch der Sanktionsschere vorgebeugt werden? Nach manchen Vorschlägen soll dies dadurch geschehen, dass dem Gericht das »erste Wort« in Sachen Urteilsabsprache verwehrt wird. So gibt es den Vorschlag, dem Gericht das *Initiativrecht* zur Abgabe eines Strafmaßangebots vorzuenthalten und es stattdessen dem Angeklagten und dem Staatsanwalt zur gesamten Hand einzuräumen[30]. Aber das verspricht wenig Erfolg. Das Gericht wird sich kaum davon abhalten lassen, selbst und zuerst die für den Fall des Geständnisses in Aussicht genommene Strafe zu nennen. Und ich möchte denjenigen Vorsitzenden sehen, dem es nicht gelingen würde, den Initiativberechtigten die Einbringung eines bestimmten Vorschlags nahezulegen und schon dabei dem Angeklagten das »Folterwerkzeug« der Sanktionsschere zu zeigen. Auch würden die formell Initiativberechtigten im Zweifel versuchen, die Vorstellungen des Gerichts zu erkunden, und könnten dies selbst mit einem nicht ernst gemeinten Vorschlag ohne weiteres erreichen. Zweckuntauglich ist auch der Vorschlag, jedes gerichtliche Strafmaßangebot von der *Zustimmung des Angeklagten* abhängig zu machen[31] – er wird sie ohnehin in der Regel erteilen, weil er ein dringendes Interesse daran haben muss, die Strafmaßvorstellungen des Gerichts zu erfahren. Dem Missbrauch der Sanktionsschere lässt sich jedenfalls nicht dadurch begegnen, dass man die Kommunikation der Verfahrensakteure in das Korsett einer vorgeschriebenen Reihenfolge der Wortmeldungen zwängt. Hier – wie auch andernorts – offenbart sich eine gewisse Naivität der Entwurfsverfasser, die zu wenig bedenken, was eine Regelung überhaupt leisten kann. Der *deal* entsteht in der Dunkelzone des Informellen und Unverbindlichen. Wo ihn der Scheinwerfer einer Norm zu erfassen versucht, zieht er sich zurück und verschwindet wieder im Dunkel. Formalisierungen führen dann bloß zu einer »Vorverlagerung des Informellen«.

Einen begrenzten Schutz gegen »unsittliche« Strafmaßangebote würde allerdings eine Bestimmung bieten, die das Gericht verpflichtet, *akten- oder auch protokollkundig* zu machen, *ob Strafmaßvorstellungen* genannt worden sind und gegebenenfalls welche[32] – das Bewusstsein, hier kontrollierbar zu sein, könnte das Gericht immerhin davon abhalten, den Angeklagten mit einer nötigungsähnlichen Drohkulisse zu konfrontieren. Und wo dies dennoch geschieht, ergäbe sich damit wenigstens in der Revision ein Ansatzpunkt für eine entsprechende Rüge. Aber die dem *deal* vorausgehenden *Erörterungen insgesamt aktenkundig oder gar protokollpflichtig* zu machen, was alle Entwürfe vorsehen, ist nicht sinnvoll[33]: Das würde bloß bürokratischen Sand ins Verfah-

30 BRAK-E (§ 243a Abs. 1 StPO), GStA-Eckpunkte (Nr. 3); ablehnend: *Landau/Bünger*, NJW-Sonderdruck, Der Deal im Strafverfahren, 2006, S. 20, 23; *Meyer-Goßner,* StV 2006, 485, 488; *Salditt,* StV 2007, 275 f. will allein dem Angeklagten das Initiativrecht zuerkennen.

31 Referentenentwurf des BJM (§ 257c Abs. 2 StPO); dafür auch *Altenhain/Hagemeier/Haimerl,* NStZ 2007, 71, 74.

32 BRAK-E (§§ 243a Abs. 6 Satz 3, 272 Nr. 6 StPO); Referentenentwurf des BJM (§ 273 Abs. 1a StPO).

33 So auch *Landau/Bünger*, NJW Sonderdruck, Der Deal im Strafverfahren, (o. Fn. 30) und *Bittmann*, DRiZ 2007, 22, 26.

rensgetriebe streuen und Nebenkriegsschauplätze eröffnen, auf denen sich trefflich und nutzlos darüber streiten lässt, was erörtert worden ist.
Was also bleibt, sind die beschränkten Gegenmittel der Revision. Sie steht dem Angeklagten auch nach den vorliegenden Gesetzentwürfen in Fällen einer rechtswidrig, insbesondere unter Verstoß gegen das Fairnessgebot zustande gebrachten Urteilsabsprache offen. Aber damit ist nicht viel gewonnen. Denn es ist regelmäßig Geschäftsgrundlage des *deals*, dass der Angeklagte nach Verkündung des Urteils sofort auf Rechtsmittel verzichtet[34]. Der Bundesgerichtshof hat allerdings versucht, dieser Erscheinung entgegenzuwirken. Schon der 4. Strafsenat hat einen abgesprochenen Rechtsmittelverzicht für unzulässig erklärt[35], und der *Große Senat für Strafsachen* hat entschieden, dass der Angeklagte nach einer Urteilsabsprache nur dann wirksam auf Rechtsmittel verzichten könne, wenn er zuvor darüber belehrt worden sei, dass er ungeachtet der Absprache Rechtsmittel einlegen dürfe (»qualifizierte Belehrung«)[36]. Das ließe sich natürlich auch ins Gesetz schreiben. Gegen den Missbrauch der Sanktionsschere hilft das aber nichts. Denn im Zeitpunkt der Revisionseinlegung liegt das Geständnis ja bereits vor, der Geständnisdruck hat sein Werk schon getan, der *point of no return* ist erreicht, auch wenn das Geständnis später unverwertbar sein sollte. Der Angeklagte kann allenfalls noch davor bewahrt werden, das Ergebnis der Urteilsabsprache vorschnell rechtskräftig werden zu lassen. Und selbst dagegen bietet die »qualifizierte Belehrung« kaum Schutz. Denn der Angeklagte wird, um die Erwartung seiner *Deal*partner nicht zu enttäuschen, auch nach einer solchen Belehrung den Rechtsmittelverzicht unverzüglich nachholen[37]. Die Hürde der »qualifizierten Belehrung« ist mühelos zu überwinden[38]. Drastisch hat dies der Strafverteidiger *Rainer Hamm* in die Worte gefasst, die »*Dealcommunity* lache sich insgeheim krank« über die Entscheidung des Großen Senats[39].

2. *Die Verkümmerung der Tatsachen- und Beweisgrundlage des abgesprochenen Urteils*

Mit der Urteilsabsprache, wie sie tatsächlich praktiziert wird, droht außerdem eine Gefahr: dass nämlich das abgesprochene Urteil ergeht, obwohl eine zureichende Tatsachen- und Beweisgrundlage dafür fehlt. Der *Entwurf der Bundesrechtsanwaltskammer* will dem Angeklagten nicht nur ein Geständnis gutbringen, sondern auch »ein sonstiges Verhalten, das der Verfahrensbeschleunigung dient«; dazu gehöre beispiels-

34 *Altenhain*, S. 191 ff., 266 ff.
35 BGHSt 43, 195, 204 f.
36 BGHSt 50, 40; so auch der Referentenentwurf des BJM (§§ 35a Satz4, 302 Abs.1 Satz 2 StPO).
37 Auch sein Verteidiger wird dafür Sorge tragen, dass dies geschieht, so *Dahs*, NJW Sonderdruck, Der Deal im Strafverfahren, 2006, S. 18, 20.
38 Auch vom Gericht: einen solchen Fall berichtet *Pfister*, StraFo 2006, 349, 353. *Meyer-Goßner*, StV 2006, 485, 489 nennt die »qualifizierte« Belehrung eine »unglückliche Erfindung«, *Nehm*, StV 2007, 549, 552 eine »sonderbare Rechtsfigur«, *Harms*, FS Nehm, 2006, S. 289, 294 sieht in der Entscheidung des Großen Senats ein »Dokument der Hilflosigkeit« und *Altenhain/Hagemeier/Haimerl*, NStZ 2007, 71, 76 f. halten sein Konzept für »fragwürdig«, da die zusätzliche Belehrung dort, wo der Angeklagte übermäßigem Druck ausgesetzt werde, kaum weiterhelfe.
39 *Hamm*, in: *Nelles/Vormbaum* (Hrsg.), Welp-Kolloquium, 2006, S. 57, 75.

weise die Erklärung, der Sachverhalt treffe im wesentlichen zu oder werde nicht bestritten[40]. Das ähnelt dem *guilty plea* des angelsächsischen Rechts. Damit würde freilich nur legalisiert, was schon gängige *Deal*praxis ist. Danach erklärt der Verteidiger für den Angeklagten, dass der Anklagevorwurf zutreffe, Fragen gestattet er nicht, und der Angeklagte selbst stimmt bloß noch zu. Wenn dies ein »schlankes Geständnis« genannt wird, wäre wohl eher das Wort »mager« am Platze. Denn nur der knapp gefasste Anklagesatz wird dadurch zur Sachverhaltsgrundlage des Urteils[41], und selbst diese Transformation gelingt nicht ganz, wo der Anklagesatz relevante Umstände – wie etwa die Höhe eines Betrugsschadens oder andere Tatfolgen – nennt, die der Angeklagte nicht kraft eigener Wahrnehmung weiß, also auch nicht im Sinne einer Wissensvermittlung »gestehen« kann[42]. Von daher ist es zu begrüßen, dass alle anderen Gesetzentwürfe ein »qualifiziertes«, glaubhaftes Geständnis verlangen. Das gilt allerdings schon nach jetzigem Recht und bedarf im übrigen der Präzisierung: das Geständnis muss alle Tatsachen umfassen, die den Anklagevorwurf rechtfertigen; es muss, wo es daran mangelt, durch zusätzliche Beweiserhebungen – z. B. Vernehmung des Geschädigten – ergänzt werden[43], und diese Tatsachen müssen dann auch sämtlich zur Überzeugung des Gerichts feststehen[44].

Das wird keineswegs immer und überall anerkannt. Nicht selten findet man Äußerungen, in denen sich die Vorstellung manifestiert, die Urteilsabsprache »Strafmilderung gegen Geständnis« vermindere die Aufklärungspflicht des Gerichts[45] oder setze – was auf dasselbe hinausläuft – die Anforderungen an die Sachverhaltsfeststellungen des Urteils herab. Dem ist entschieden zu widersprechen. Ein Geständnis des Angeklagten reicht nur dort aus, wo es jede weitere Beweisaufnahme erübrigt, weil es schon für sich allein die Überzeugung des Gerichts von Tat und Schuld des Angeklagten begründet[46]. Die gerichtliche Aufklärungspflicht und die Notwendigkeit einer zureichenden Sachverhalts- und Beweisgrundlage des Urteils sind unverzichtbare Elemente rechtsstaatlicher Strafjustiz. Sie genießen verfassungsrechtlichen Rang[47]. Keines dieser Erfordernisse wird durch ein wie immer geartetes Konsensprinzip[48] eingeschränkt, keines steht zur Disposition des Gerichts oder der Verfahrensbeteiligten.

40 BRAK-E (§ 243a Abs. 1 Satz 2 Nr. 4 StPO), S. 7. Für das Urteil genügt danach der bloße Konsens der Verfahrensbeteiligten, dazu *Weigend* (o. Fn. 18), S. 366 f.

41 Nach BGH NStZ 1999, 92 soll das ausreichen. Kritisch hierzu *Weigend,* NStZ 1999, 57, 61 f., zustimmend dagegen *Kuckein/Pfister,* FS 50 Jahre BGH, 2000 S. 641, 656; *Landau/Eschelbach,* NJW 1999, 321, 325 halten die bloße Bestätigung des Anklagesatzes nicht für eine tragfähige Tatsachen- und Beweisgrundlage des Urteils, lassen jedoch unter bestimmten Voraussetzungen ein »schlankes Geständnis« genügen.

42 Insoweit zutreffend *Kruse,* StraFo 2000, 146, 149.

43 So *Nehm,* StV 2007, 549, 552.

44 So BGHSt 50, 40, 49; zum Geständnis auch BGHSt 39, 291, 303; *Hammerstein,* StV 2007, 48, 51; *Riess*, FS-Richter II, 2006, S. 433, 440 f., 444 f.

45 Exemplarisch etwa *Huttenlocher* (o. Fn. 2), S. 481 ff.

46 *Bittmann,* DRiZ 2007, 22, 25 hält es für ausreichend, dass sich das Gericht von der Verlässlichkeit des Geständnisses »in irgendeiner Weise« überzeuge und plädiert für eine Gesetzesbestimmung, die dessen Überprüfung im Freibeweisverfahren vorschreibt (o. Fn.10).

47 BVerfGE 50, 275 [275].

48 Zur Kritik des Konsensprinzips als Erledigungsmuster oder -programm für den Strafprozess siehe die überzeugenden Ausführungen von *Weßlau* StraFo 2007, 1 ff. und *Weigend* (o. Fn. 18), S. 364 ff.; ähnlich *Hamm,* in: *Nelles/Vormbaum (Hrsg.),* Welp-Kolloquium, 2006, S. 57, 67 und jüngst auch *Hassemer*, FS Hamm, 2008, S. 171, 176, 181.

Und das muss so bleiben[49]. Denn dabei geht es um eines der beiden Essentialia, die sich nicht »wegdealen« lassen: Das eine ist das *Strafgesetz* als entscheidungsleitender, rechtlicher Maßstab der Urteilsfindung, das andere ist der wahre *Sachverhalt* als tatsächliche Grundlage für die im Urteil zu vollziehende Gesetzesanwendung.

Vor diesem Hintergrund bildet das »schlanke Geständnis«, das – wie der *guilty plea* – Fehlurteile begünstigt, eine ernste Gefahr. Es gehört abgeschafft. Vom Angeklagten ist zu verlangen, dass er sein Geständnis, das ihm Strafmilderung einbringen soll, selbst und mit eigenen Worten in einer geschlossenen Sachverhaltsschilderung vorträgt und dabei auch Fragen beantwortet, die notwendig sind, um die Glaubhaftigkeit seiner Darstellung zu überprüfen. Die Modedesigner haben es fertiggebracht, abgemagerte Models vom Catwalk fernzuhalten. Warum sollte es der Strafgerichtsbarkeit nicht möglich sein, allzu »schlanke« Geständnisse aus den Gerichtssälen zu verbannen? Dazu wäre eine Gesetzesregelung weder tauglich noch nötig. Dies könnte schon nach geltendem Recht geschehen. Die Tatgerichte müssten nur dazu übergehen, »magere« Geständnisse nicht mehr als hinreichende Beweisgrundlage u akzeptieren, Der Staatsanwaltschaft fiele es zu, darüber zu wachen, dass ein abgesprochenes Geständnis konkretisiert wird, und das Urteil notfalls auch anzufechten, falls der darin festgestellte Sachverhalt zu dürftig ist, um das Ergebnis zu tragen[50], Und der Bundesgerichtshof brauchte als Revisionsinstanz nicht einmal viel rechtsschöpferisches Potential aufzuwenden, wenn er im Rahmen der Kontrolle tatrichterlicher Beweiswürdigung dem »schlanken Geständnis« grundsätzlich nur einen geringen Beweiswert zuspräche, der regelmäßig einer Verstärkung durch zusätzliche Beweisanzeichen bedarf. Als Muster dafür könnten die Grundsätze dienen, die er zum Beweiswert von Aussagen anonymer Zeugen aufgestellt hat. Jede Gesetzesregelung aber könnte in diesem Punkt letztlich nur festschreiben, was schon das geltende Recht ohne weiteres »hergibt«.

3. *Die Unterschreitung der schuldangemessenen Strafe*

Die Praxis des *Dealens* hat weithin dazu geführt, dass die verhängte Strafe den Rahmen des Schuldangemessenen unterschreitet[51]. Augenfällig machen dies vergleichbare Fälle, die das eine Mal mit, das andere Mal ohne *deal* abgeurteilt worden sind. Ein Beispiel: Für eine Geiselnahme durch PKK-Sympathisanten, die nach vorgegebenem Plan in mehreren deutschen Städten ablief, verhängte die Hessische Staatsschutzkammer nach mehrwöchiger Verhandlung eine Freiheitsstrafe von 5½ Jahren; dagegen soll im gleichen Fall die Staatsschutzkammer eines anderen Bundeslands nach kurzer Verhandlung und Urteilsabsprache auf eine Freiheitsstrafe von 2 Jahren mit Bewährung erkannt haben[52]. Das ist kein Einzelfall. Vielmehr zeigt sich darin exem-

49 Für eine Einschränkung oder Neudefinition (?) der Instruktionsmaxime und die gesetzliche Einführung eines grundlegend neuen Konsensualprinzips plädieren dagegen *Altenhain/Hagemeier/Haimerl* NStZ 2007, 71, 76.

50 Von solchen Fällen berichtet *Harms,* FS Nehm, 2006, S. 289, 295.

51 *Harms,* aaO (Fn 42), S. 294 f.; *Pfister,* StraFo 2006, 349, 351.

52 Quelle: *Zimmermann,* StraFo 2008, 49 f.

plarisch eine allgemeine Erscheinung: Strafen aufgrund eines *deals* fallen generell milder aus als nach streitig geführter Verhandlung, und dann eben auch nicht selten: *zu* milde, dem Schuldgehalt der Tat nicht mehr entsprechend. Die schon genannte Untersuchung von *Altenhain* u.a. hat ergeben, dass ein Geständnis, das aufgrund einer Urteilsabsprache abgelegt wird, einen Strafmilderungseffekt hat, der sich in einer Herabsetzung der Strafe um $^1/_4$ bis zu $^1/_3$ in einzelnen Fällen sogar um die Hälfte niederschlägt.[53] Solche Strafmilderungseffekte sind entschieden zu groß. Darunter leiden Ansehen und Glaubwürdigkeit der Strafjustiz – die Strafgerechtigkeit bleibt auf der Strecke.

Ursache dafür ist natürlich der *deal*, mit dem es versierten Strafverteidigern oft gelingt, für ihre Mandanten »das Beste herauszuholen«. Die Bereitschaft mancher Tatgerichte, zu große Strafnachlässe zu gewähren, mag damit zusammenhängen, dass sie verständlicherweise auf Verfahrensökonomisierung bedacht sind, insbesondere Zeit für die Bearbeitung anderer Strafsachen gewinnen wollen, zuweilen aber auch keinen anderen Ausweg mehr sehen, als eben diesen Preis für eine einfache und schnelle Verfahrenserledigung zu zahlen. Sie stehen unter Druck, sind dabei von zwei Seiten »in die Zange genommen«. Auf der einen Seite von *Strafverteidigern*, die für den Fall, dass sich das Gericht nicht zu dem gewünschten *deal* bequemt, »Konfliktverteidigung« ankündigen, eine Verteidigung also, die insbesondere vom Beweisantragsrecht reichlich Gebrauch macht, jedenfalls aber mühsames und langwieriges Prozessieren bedeutet[54]. Auf der anderen Seite ist es bisweilen schlichte *Überlastung*, die zum *deal* drängt, ihn den Gerichten aufnötigt, als wirksamstes Mittel, um der Arbeitslast Herr zu werden. Die ist mit der Zeit erheblich gewachsen. So sind etwa die Eingänge bei den erstinstanzlichen Strafkammern des Landgerichts Frankfurt am Main von 2004 bis 2006 um mindestens 40 % gestiegen. Das hat nicht etwa zu einer Vermehrung der Richterstellen geführt, sondern war Anlass, die Sollzahl der jährlich zu erledigenden Sachen pro Richter heraufzusetzen, von 15 auf 23[55].

Was kann die Strafgerichtsbarkeit aus dieser Zange befreien, den Drang zum *deal* mindern und so die Verhängung zu milder, nicht mehr schuldangemessener Strafen eindämmen? Eine Personalaufstockung bei den Richtern wäre dazu vielleicht ein geeignetes Mittel, ist aber realistischerweise kaum zu erhoffen. Durch eine gesetzliche Regelung der Urteilsabsprache lässt sich dies Ziel aber bestimmt nicht erreichen. *De lege lata* wäre es jedoch immerhin nützlich, den Strafmilderungseffekt eines Geständnisses zu begrenzen. Die Rechtsprechung hat es verstanden, *Verfahrensverzögerungen*, die der Justiz anzulasten sind, durch einen genau fixierten Strafnachlass

53 *Altenhain,* S. 161.

54 Dass dies die Bereitschaft der Gerichte steigert, Strafen »unter Tarif per deal« zu verhängen, hat jüngst auch der Präsident des BGH, *Tolksdorf,* in seinem Redebeitrag auf dem 12. Strafverteidiger-Frühjahrssymposium in Karlsruhe hervorgehoben, siehe die Notiz in der Süddeutschen Zeitung, 19./20.4.2008 (»BGH-Präsident rügt Strafverteidiger«). Der Zusammenhang ist seit langem bekannt, *Kuckein/Pfister*, FS 50 Jahre BGH, 2000, S. 641, 643.

55 Quelle: *Zimmermann,* StraFo 2008, 49 f.. Der Vorgang bestätigt eindrucksvoll die These von *Harms*, FS Nehm, 2006, S. 289, 291, dass der politische Anspruch an die Justiz laute »Mit weniger Ausstattung und personellen Kapazitäten bei immer höheren Anforderungen seitens der Gesetzgebung einen ständig wirksameren Rechtsschutz zu gewährleisten«. Zum Personalabbau bei wachsender Belastung in der Justiz auch *Pfister,* StraFo 2006, 349, 350.

auszugleichen[56], und sie stört sich auch nicht daran, dass sie es dabei mit inkommensurablen Größen zu tun hat. Dann müsste sie aber auch bereit und imstande sein, in der Umkehrung den Strafmilderungswert eines Geständnisses jeweils nach dem geschätzten Ausmaß der dadurch bewirkten *Verfahrensabkürzung* zu bemessen und dieses Maß ebenfalls zu beziffern.

IV. *Schluss*

Damit komme ich zu einem Ergebnis, das enttäuschen muss: Der Gesetzgeber hat kaum Möglichkeiten, durch eine Regelung der Materie die Missbräuche, Nachteile und Gefahren der Urteilsabsprache zu beseitigen. Sein Steuerungspotential ist begrenzt. Verbieten lässt sich der *deal* nicht. Am ehesten noch für diejenigen Strafsachen, die zur Zuständigkeit der *Schwurgerichtskammern* gehören und eine gut abgegrenzte Spezies besonders schwerer Delikte betreffen (Mord, Totschlag, durch Todesfolge qualifizierte Verbrechen), hier wäre ein Verbot sinnvoll und machbar, wenn auch am wenigsten dringlich[57]. Keine gesetzliche Regelung könnte aber verhindern, dass jenseits des geregelten Bereichs ein »grauer Markt« informeller Absprachen überdauert, in dem genau das geschieht, was schon bisher praktiziert worden ist[58]. Das ist jedoch kein Grund zur Resignation. Die Selbstenthauptung der Strafjustiz droht nicht vom Phänomen der Urteilsabsprache, eher von einer Gesetzesregelung, die bei dem Versuch, sie rechtlich zu ordnen, Unverzichtbares preisgibt. Unverzichtbar sind drei Grundsätze:

1. Die Bindung des Strafrichters an das *Gesetz,*
2. die Maßgeblichkeit des tatsächlichen Sachverhalts für das Urteil, und
3. das Urteilsmonopol des Strafrichters.

Eine gesetzliche Regelung der Urteilsabsprache muss diese Grundsätze wahren. Von ihr ist im übrigen bestenfalls eins zu erwarten: dass sie – wie immer ihre Details auch aussehen mögen – ein *Leitbild der Prozesskultur* liefert, das geeignet ist, von den meisten Akteuren der Strafjustiz angenommen, verinnerlicht und befolgt zu werden.

56 BGH NJW 2008, 860 – »Vollstreckungsmodell«.
57 »Gedealt« wird allerdings auch bei Schwurgerichten, *Widmaier,* NJW 2005, 1985; Strafverfahren, die Gewaltverbrechen zum Gegenstand haben, eignen sich aber grundsätzlich nicht für die Erledigung durch Urteilsabsprache, so *Kuckein/Pfister* (o. Fn. 54), S. 652.
58 So auch die Einschätzung von *Weigend* (o. Fn. 18), S. 394.

Versammlungsfreiheit für Rechtsradikale – Kapitulation des Rechtsstaats?

*Wolfgang Hoffmann-Riem**

I. *Kultur politischer Demonstrationen als Konfliktkultur*

Einer der beiden Mitveranstalter dieser Vortragsreihe, *Folke Schuppert*, hat vor kurzem der Wissenschaft ein neues Buch geschenkt, und zwar ein äußerlich und inhaltlich gewichtiges Buch über »Politische Kultur«.[1] In ihm bemüht er sich, den Begriff der Politischen Kultur in Abgrenzung zu der von *Almond* und *Verba* geprägten, immer noch herrschenden Konzeption zu bestimmen, nach der die wissenschaftliche Beschäftigung mit der Politischen Kultur auf die Erkundung der Bedingungen politischer Stabilität, insbesondere die Erfolgsbedingungen demokratischer Herrschaft, ausgerichtet sei. *Schuppert*[2] hält dies für eine »verhängnisvolle Verengung« und schlägt eine Weiterung vor: gesucht wird nach der kulturellen Rahmung politischen Denkens und Handelns. Diese kulturelle Rahmung bestehe in der kulturellen Prägung von grundlegenden Denk-, Wahrnehmungs- und Deutungsmustern. Politische Kultur sei in diesem Sinne ein Fundus von geteilten Erwartungen und intersubjektiver Sinnsuche, wobei dieser Fundus von Kommunikationsprozessen erzeugt, stabilisiert und verändert werde. Von daher sei Politische Kultur wesentlich auch Kommunikations- und Medienkultur. Die kulturelle Rahmung politischen Denkens, Wahrnehmens und Handelns erfolge in erster Linie durch institutionelle Rahmung, die sich vor allem im »Werden und Vergehen« von Institutionen und Regeln zur Bewältigung von Konflikten, zur Gewinnung verbindlicher Entscheidungen und zur Regelung des Umgangs der Gesellschaftsmitglieder miteinander zeigen. Politische Kultur sei daher ganz zentral Institutionenkultur, Rechts- und Konfliktkultur.

Es fällt nicht schwer, die institutionelle Rahmung von Prozessen kollektiver Äußerung von Meinungen, insbesondere in Form von Demonstrationen und Aufzügen, in diesen Kontext zu ordnen und die »Politische Kultur« des kommunikativen Werbens um Einfluss, insbesondere auch des Protests, als Teil der Konfliktkultur einer Gesellschaft zu begreifen. Zu einer Kernfrage dieser politischen Kultur gehört die nach der Toleranz gegenüber Konflikt und Andersartigkeit. Am Beispiel der Versammlungsfreiheit für Radikale – im Kontext dieses Vortrags: für Rechtsradikale – lässt sich gut illustrieren, wie konfliktorientiert die Kultur politischer Demonstrationen in Deutschland ist.

* Professor emeritus am Fachbereich Rechtswissenschaft der Universität Hamburg und Richter a.D. des Bundesverfassungsgerichts.

1 *Gunnar Folke Schuppert*, Politische Kultur, 2008.
2 *Schuppert,* Politische Kultur (o. Fn. 1), insbesondere im 1. Kapitel, zusammenfassend S. 55 f.

II. *Zur Realität rechtsradikaler Demonstrationen*

Ausgangspunkt der Überlegungen ist die empirische Feststellung, dass rechtsradikale Demonstrationen in den letzten Jahren zum politischen Alltag gehören, wie auch erhebliche Proteste der Öffentlichkeit dagegen und ebenfalls Versuche, solche Demonstrationen durch administrative Untersagungen und Auflagen zu unterbinden oder gar ihre Durchführung mit Formen des aktiven Gegenprotests – etwa das Blockieren des gewählten Aufzugsweges durch Gegendemonstranten – unmöglich zu machen. Die verschiedenen Wege rechtlicher oder praktischer Verhinderung von Neonazi-Demonstrationen werden bei entsprechenden administrativen Verfügungen – und manchmal auch bei nachfolgenden gerichtlichen Kontrollhandlungen – regelhaft damit gerechtfertigt, dass die entsprechenden Demonstrationen Rechtsgüter der öffentlichen Sicherheit und Ordnung gefährdeten: die außerhalb rechtlicher Formen erfolgenden Behinderungen stützen sich meist auf das Ziel, das Wiedererstarken neonazistischen Gedankenguts zu unterbinden und damit der Gefahr zu begegnen, dass Rechtsradikale Einfluss auf die politische Willensbildung oder gar politische Macht in Deutschland oder in Teilen, etwa in bestimmten Kommunen, erringen.

III. *Orientierungen für rechtsstaatliches Handeln*

Wenn das mir gesetzte Thema danach fragt, ob die Gewährung von Versammlungsfreiheit für Rechtsradikale zu einer Kapitulation des Rechtsstaats führe oder führen dürfe, dann muss die Antwort selbstverständlich »nein« sein. Andererseits ist zu berücksichtigen, dass der Rechtsstaat kein Selbstzweck ist, sondern ein Mittel zur Vermittlung einer gerechten Ordnung. Zu dieser Ordnung gehören die verfassungsrechtlich garantierten Freiheiten, also auch die Versammlungsfreiheit, deren Ausübung allerdings Regeln zu folgen hat, die der Souverän in Form von Gesetzen zur Ausgestaltung und Beschränkung der Versammlungsfreiheit selbst schafft (Art. 8 Abs. 2 GG). Zum Rechtsstaat gehört selbstverständlich die rechtsstaatliche Umhegung der Rechtsmacht zur Begrenzung von Freiheit, denn der Rechtsstaat ist gefährdet, wenn die für alle geltenden Regeln von den das Freiheitsrecht Nutzenden nicht beachtet werden. Der Rechtsstaat ist aber gefährdet, wenn sein Schutzmantel in selektiver Weise genutzt wird, d. h. wenn im Interesse des Schutzes bestimmter Rechtsgüter andere Interessen und Rechtsgüter zu kurz kommen, die rechtlich ebenfalls schutzwürdig sind. Er ist insbesondere dann gefährdet, wenn Machtträger in seinem Namen in machtmissbräuchlicher Weise Protest oder gar den Aufbau von Gegenmacht gegen politisch etablierte Positionen behindern.

Diese Problematik stellt sich selbstverständlich nicht nur im Bereich der Versammlungsfreiheit, sondern ist ein allgemeines Problem politischer Ordnungen, die als Demokratien Machtwechsel ermöglichen, aber als Rechtsstaaten auch hinreichende Erwartungssicherheit und Schutz gewähren wollen. Der Konflikt lässt sich gegenwärtig auch in anderen aktuellen Themenfeldern studieren, etwa in dem insbesondere seit dem 11. September 2001 eskalierten Streit um das Verhältnis von Sicherheit und Freiheit. Freiheit ohne Sicherheit ist wahrlich zu wenig. Sicherheit, die nur auf Kosten der Freiheit zu gewinnen ist, aber erst recht. Es geht um die richtige Balance unter Beachtung der verfassungsrechtlich vorgegebenen Prinzipien. Sie zu finden, ist in einem Rechtsstaat bestimmten Instanzen legitimer Herrschaftsausübung übertragen, die ihrerseits bestimmte Verfahren einzuhalten haben, die auch den Zweck des Schutzes von Interessen anderer verfolgen. Zu den rechtsstaatlichen Prinzipien der Bewältigung solcher Konfliktfelder gehören etwa die Anforderungen der Berechenbarkeit (Rechtssicherheit) und damit auch der Klarheit der rechtlichen Ermächtigungsgrundlagen sowie in inhaltlicher Hinsicht insbesondere der Grundsatz der Verhältnismäßigkeit mit seinen Zielwerten der Eignung eingreifender Maßnahmen zum Rechtsgüterschutz, der Wahl des möglichst mildesten Mittels und der Wahrung eines angemessenen Verhältnisses zwischen den zum Eingriff eingesetzten Instrumenten und den durch den Instrumenteneinsatz bewirkten nachteiligen Folgen für Betroffene.

Die Anwendung und gegebenenfalls gerichtliche Verteidigung solcher Grundsätze gehört selbstverständlich auch insoweit zur politischen Kultur, als sie rechtliche und politische Stabilität sichern hilft. Dieses Stabilitätsziel steht aber unter dem Vorbehalt der Ermöglichung sozialen und politischen Wandels, dies unter Wahrung rechtsstaatlicher Grenzen und unter Erhalt der verfassungsrechtlich nicht zur Disposition gestellten Grundsätze, wie dem der Demokratie (vgl. Art. 20 Abs. 1 GG, 79 Abs. 3 GG). Die Nachvollziehbarkeit und Kontrollierbarkeit rechtlicher Maßstäbe sowohl bei Maßnahmen zur Sicherung der Stabilität als auch bei der Ermöglichung gesellschaftlichen Wandels ist Bestandteil der Konfliktkultur, auf die das Grundgesetz die Bundesrepublik Deutschland als pluralistische Demokratie verpflichtet hat.

IV. *Herstellung praktischer Konkordanz*

Angesichts der Heterogenität der in der Gesellschaft vertretenen Interessen und der Mehrdimensionalität vieler Konflikte, in denen unterschiedliche Interessen miteinander kollidieren, ist die Wegfindung in einer auf Wandel eingestellten politischen Kultur nicht einfach. Regelmäßig gibt es keine von vornherein auf ein einfach zu ermittelndes Ja oder Nein ausgerichteten Lösungen. Wenn mehrere rechtlich geschützte Interessen von einer Maßnahme betroffen sind, heißt dies zugleich, dass jeder der Betroffenen ein »Stück Recht« auf seiner Seite hat. Daraus hat das Bundesverfassungsgericht bei der Bewältigung grundrechtlicher Konfliktlagen die Folgerung gezogen, dass »praktische Konkordanz« zwischen den verschiedenen Interessen herzustellen ist, es also um Optimierung mit dem Ziel geht, die verschiedenen Interessen möglichst weitgehend zur Geltung zu bringen.[3] Am Ende dieses Optimierungsprozesses können im konkreten Fall ein Ja oder Nein stehen oder eine vermittelnde Lösung.

3 Zum Konzept der praktischen Konkordanz s. *Konrad Hesse*, Grundzüge des Verfassungsrechts der Bundesrepublik Deutschland, 20. Aufl. 1995, Rn. 317 ff.

Im Bereich der Versammlungsfreiheit geht es dabei nicht nur um Optimierung zwischen den Anliegen unterschiedlicher Gruppen, die auf kollektive Kundgabe ihrer jeweiligen Meinung oder möglichst wirkungsvolle Artikulation ihres Protests ausgerichtet sind und sich dabei wechselseitig möglicherweise »in die Quere kommen«. Es geht auch um den Ausgleich mit Interessen anderer, etwa der durch die Art und Weise der Durchführung betroffenen Dritten, wie etwa der Verkehrsteilnehmer, aber auch um den Schutz der Interessen derer, deren Überzeugungen gegebenenfalls durch die Meinungskundgabe der Demonstranten verletzt oder die sich gar durch die Art und Weise der Meinungskundgabe eingeschüchtert sehen. Die Problematik des Schutzes der Versammlungsfreiheit auch oder gerade für Neonazis ist daher nur eine Sonderform eines Problems, das sich strukturähnlich auch bei anderen konfliktbehafteten Kontexten findet.

Wenn moderne Verfassungen und auch die Europäische Menschenrechtskonvention (Art. 11) oder der Internationale Pakt über bürgerliche und politische Rechte (Art. 21) das Grundrecht der Versammlungsfreiheit verankern und nur unter besonderen Bedingungen Beschränkungen vorsehen[4], dann ziehen sie zugleich Lehren aus der Vergangenheit, so des Kampfes um die Emanzipation der Bürger in einer Demokratie oder auch zur Überwindung totalitärer Regimes. Solche Lehren hatten viele Staaten zu ziehen.

Politische Freiheit musste in Europa im Anschluss an die Aufklärung in Auseinandersetzung mit feudalen und autoritären Regimes errungen werden und sie musste nach Überwindung der Diktaturen im 20. Jahrhundert – insbesondere der faschistischen und kommunistischen Diktaturen – neu erstritten werden. Dabei lehrt die Geschichte, dass eine rechtsstaatliche Demokratie auch wachsam sein muss, nicht durch ihre Gegner ausgehöhlt oder gar abgeschafft zu werden – wie sie umgekehrt nicht intolerant gegenüber andersartigen oder oppositionellen Positionen sein darf, da auch diese ein Artikulationsrecht in pluralen Demokratien haben. Demokratien brauchen Voraussetzungen, die sie selbst nicht schaffen können, so die Bereitschaft der Bürger zur Nutzung von Freiheit, aber auch zu Toleranz. Andererseits benötigen sie Vorkehrungen, um sich wirksam vor ihren Gegnern schützen zu können, und zwar – wenn Demokratien ihren Prämissen gerecht werden wollen – unter Achtung der rechtsstaatlichen Grundsätze, die freiheitliche Demokratien lebenswert machen. Auch Derartiges gehört in den weiteren Kontext der Aufgabe zur Herstellung praktischer Konkordanz.

Die folgenden Betrachtungen konzentrieren sich auf Deutschland, nehmen aber auch Bezug auf andere Gesellschaftsordnungen, wie die US-amerikanische. Sie beschränken sich aber weitgehend auf die aktuellen Schwierigkeiten im Umgang mit Rechtsextremisten, also denjenigen, die sich in ihrem Gedankengut zurück in die Nazizeit sehnen, die die Prämissen einer rechtsstaatlichen Demokratie im Kern ablehnen, die Möglichkeiten der Äußerung ihrer Positionen in einer solchen Staatsform aber nutzen. Die Ausführungen wollen dafür werben, die Auseinandersetzung mit solchen Positio-

4 Illustrativ der Bericht der European Commission for Democracy through Law (Venice Commission), OSCE/ODIHR Guidelines on Freedom of Peaceful Assembly, June 2008.

nen und Personen auf der Grundlage der Freiheitsrechte wahrzunehmen, die eine moderne Verfassung allen Bürgern gleichermaßen garantiert. Sie gehen von der Annahme aus, dass eine rechtsstaatliche Demokratie stark genug ist, um auf den Grundlagen der eigenen demokratischen Ideale auch die Auseinandersetzung mit ihren Gegnern erfolgreich führen zu können.

V. *Historische Wurzeln der Versammlungsfreiheit*

Die Versammlungsfreiheit hat, historisch gesehen, unterschiedliche Wurzeln.[5] So stand die Anerkennung der Versammlungsfreiheit im anglo-amerikanischen Bereich im engen Zusammenhang mit dem Petitionsrecht. Die aktive Teilnahme am politischen Prozess prägte das Grundrecht. Auch in der Französischen Revolution wurde die Versammlungsfreiheit mit dem Petitionsrecht verknüpft; später wurde die Konzeption durch die Betonung des Zusammenhangs mit der Meinungsfreiheit allerdings zurückgedrängt. In Deutschland war der Zusammenhang zum Petitionsrecht zunächst nicht bestimmend. Die Forderung nach und die Nutzung von Versammlungsfreiheit geriet vielmehr in eine grundsätzliche Kampfstellung gegen den Staat, der die Freiheit, politische Meinungen zu äußern, polizeilich zu unterdrücken oder doch zu beschränken suchte. Der Ruf nach politischen Freiheitsrechten einschließlich der Versammlungsfreiheit hatte daher eine revolutionäre Stoßrichtung, die auf den Versuch zur Neugestaltung der politischen Ordnung zielte. Parallel zu dem Anwachsen des konstitutionell-demokratischen Gedankenguts entwickelte sich die Versammlungsfreiheit nicht als Forderung nach bloßer Entfaltungsfreiheit, also der Freiheit jedweder kollektiver Entfaltung, sondern nach einer Entfaltung im Hinblick auf den politischen Prozess, so in der Forderung nach Absicherung von Zusammenkünften mehrerer in öffentlichen Angelegenheiten.

Allerdings geriet der staatsabwehrende Charakter des Freiheitsrechts in Deutschland derart in den Vordergrund, dass das Grundrecht von vielen immer mehr als ein umfassendes individuelles Entfaltungsrecht gegenüber dem Staat, und zwar auch ohne Bezug zum politischen Prozess, verstanden wurde. In der gegenwärtigen deutschen Diskussion gibt es daher viele Wissenschaftler, die die Versammlungsfreiheit als allgemeines Grundrecht kollektiver Entfaltung verstehen.[6] Demgegenüber hat das Bundesverfassungsgericht immer den politischen Kontext betont und auch in der Definition dessen niedergelegt, was es als Versammlung versteht: »Versammlungen im Sinne des Art. 8 Grundgesetz sind örtliche Zusammenkünfte mehrerer Personen zur gemeinschaftlichen, auf die Teilhabe an der öffentlichen Meinungsbildung gerichte-

5 S. aus der Literatur statt vieler *Schwäble*, Das Grundrecht der Versammlungsfreiheit (Art. 8 GG), 1975, S. 25 ff.; *Quilisch*, Die demokratische Versammlung, 1970, 1. Teil; *Kniesel/Poscher*, Versammlungsrecht, in: Lisken/Denninger (Hrsg.), Handbuch des Polizeirechts, 2007, Rn. 1 ff. zu J; *Schulze-Fielitz*, in: Dreier (Hrsg.), Grundgesetz, 2. Aufl., Bd. I 2004, Rn. 1 ff.

6 So etwa *Schulze-Fielitz* (o. Fn. 5), Rn. 23 ff. Zum Streitstand sei auf die Literatur pauschal verwiesen, die bei *Kniesel/Poscher,* Versammlungsrecht (o. Fn. 5), einleitend umfassend wiedergegeben wird.

ten Erörterung oder Kundgebung«.[7] Solche auf den politischen Prozess bezogene Versammlungen sind für eine Demokratie besonders wichtig, sie unterliegen aber wegen ihrer möglichen politischen Sprengkraft auch dem Risiko der Beschränkung oder gar übermäßiger Unterdrückung durch Träger von Staatsgewalt, so dass ein besonderer verfassungsrechtlicher Schutz zugleich ein Schutz der Funktionsweise einer Demokratie ist.

VI. *Zur Wehrhaftigkeit einer Demokratie*

Wegen der Möglichkeit zur Einwirkung auf den politischen Prozess und gegebenenfalls zur Aktivierung von Massen auch gegen die bestehende politische Ordnung muss eine Demokratie aber auch darauf achten, dass sie sich nicht selbst in ihrer Existenz gefährdet. Auch zu diesem Thema gab und gibt es lange Debatten, in Deutschland gab es sie insbesondere in der Zeit der Weimarer Republik, also vor der national-sozialistischen Machtergreifung.

Den Begriff streitbare Demokratie hat ein Soziologe, Karl Mannheim, geprägt, und zwar in seiner Zeit als Emigrant in London. Zuvor hatte ein anderer Emigrant, der Politikwissenschaftler Karl Loewenstein, einen ähnlichen Begriff vorgeschlagen, den der militanten Demokratie; auch er tat es in der Emigration, und zwar in den USA. Beide Begriffe signalisierten eine Absage an den demokratischen Relativismus der Weimarer Zeit, der die Idee demokratischer Selbstbestimmung so weit verabsolutierte, dass – wie etwa Hans Kelsen formulierte – die Demokratie sich stets selbst treu bleiben müsse, und zwar auch als Duldung einer auf Vernichtung der Demokratie gerichteten Bewegung. Fast ein wenig pathetisch hatte er formuliert: »Man muss seiner Fahne treu bleiben, auch wenn das Schiff sinkt«.

Ein solches Sinken sollte durch das Grundgesetz verhindert werden.[8] Anders als die Weimarer Verfassung sollte es Instrumente zur (Selbst-)Verteidigung des demokratischen Rechtsstaats enthalten. Demokratie kann nach diesem Verständnis nicht wertneutral sein und muss sich deshalb auch gegen Angriffe ihrer Gegner verteidigen.

Die einzelnen Bestimmungen des Grundgesetzes legen davon beredtes Zeugnis ab. Dazu gehört nicht nur die Garantie des Art. 79 Abs. 3 Grundgesetz, nach der bestimmte Grundprinzipien der Verfassung niemals, auch nicht durch eine verfassungsändernde Mehrheit, abgeschafft werden können. Dazu gehört die Qualität der Bundesrepublik Deutschland als ein »demokratischer und sozialer Bundesstaat« (Art. 20 Grundgesetz). Weitere Elemente der streitbaren Demokratie sind die Normen über das Verbot verfassungsfeindlicher Vereinigungen und Parteien (Art. 9 Abs. 2, Art. 21 Abs. 2 Grundgesetz) sowie die Möglichkeit zur Verwirkung von Grundrechten (Art.

7 BVerfGE 104, 92, 104.

8 Zu der Diskussion um die streitbare Demokratie und die verschiedenen Entwicklungslinien und aktuellen Ausprägungen s. *Papier/Durner*, Streitbare Demokratie, AOER 2003, 340 ff.

18 Grundgesetz). In diese Reihe fallen auch Normen wie Art. 20 Abs. 4 Grundgesetz, das Widerstandsrecht, oder die Aussage, dass die Freiheit der Lehre nicht von der Treue zur Verfassung entbindet (Art. 5 Abs. 3 Satz 2 Grundgesetz) oder die Beschränkbarkeit von Grundrechten speziell zu Verteidigung der freiheitlich demokratischen Grundordnung (wie etwa Art. 10 Abs. 2, Art. 11 Abs. 2 Grundgesetz) oder auch die Möglichkeit der Richteranklage gemäß Art. 98 Abs. 2 Grundgesetz bei Verstoß gegen die verfassungsmäßige Ordnung. Solche Normen erlauben die präventive Abwehr von Gefährdungen im Vorfeld.

Sie beruhen auf speziellen Ermächtigungen, sind also nicht etwa als allgemeines Prinzip normiert, das Grundlage der Einschränkbarkeit sämtlicher Grundrechte werden könnte. Denn das Grundgesetz will die Lebensfähigkeit der Demokratie bewahren. Dem widerspräche es, wenn die Notwendigkeit ihres Schutzes zum Vorwand genommen werden könnte, um eine diffuse Beschränkungsermächtigung zu nutzen und – dieses Risiko ist fast unvermeidbar – im Laufe der Zeit immer mehr auszuweiten. Dass die Streitbarkeit der Demokratie insbesondere nicht dazu führen darf, den Diskurs und auch Kontroversen darüber zu verschütten, welche Werte in einer Demokratie gelten sollen oder auch, ob es wert ist, die Demokratie zu verteidigen, zeigt sich auch an dem Grundrechtsbereich, auf den ich mich jetzt konzentrieren werde, nämlich an der Garantie der Versammlungsfreiheit.

VII. *Vielfalt von Anlässen und Erscheinungsformen von Versammlungen*

Die Versammlungsfreiheit hat in Deutschland der Nachkriegszeit zunächst keine besondere Bedeutung gehabt. Dies änderte sich im Umfeld der Studentenbewegung, insbesondere im Kampf gegen die Medienkonzentration oder gegen den Bau von Atomkraftwerken. Politische Aufmerksamkeit und zum Teil extrem restriktive Reaktionen des Staates erlebten insbesondere Demonstrationen von Linken, insbesondere von Personen im politischen Nahbereich der Kommunisten. Soweit Demonstrationen nicht unmittelbar in Aktionen übergingen – wie etwa die Blockade des Transports von uranhaltigem Material oder der Auslieferung von (Springer-)Zeitungen –, waren sie Instrument der direkten Bürgeräußerung zu politischen und sozialen Problemfeldern, etwa der schon erwähnten Pressekonzentration oder der Bildungsmisere. Ungeachtet der Ablehnung solcher Demonstrationen in weiten Teilen der Bürgerschaft gelang es den Demonstranten, das politisch-soziale Klima nachhaltig zu beeinflussen oder doch jedenfalls bestimmte Themen auf die öffentliche Agenda zu setzen.

Auch etablierte Interessenverbände haben inzwischen gelernt, die Versammlungsfreiheit als Machtverstärker zu nutzen. Aber auch nicht organisierte Bevölkerungsgruppen nutzen dieses Ventil der politischen Äußerung, etwa zur Verwirklichung von Vorhaben im Umweltschutz, zum Abbau von Missständen im Wohnungswesen oder auch nur zur Verhinderung bestimmter Vorhaben, wie etwa geplante Autobahnen.

Versammlungen passen sich im Laufe der Zeit in ihren Erscheinungsformen den jeweiligen Anlässen und Möglichkeiten an.[9] Hatten Versammlungen früher z. B. eine klare Leitung, so gibt es zunehmend den Typ einer veranstalter- und leiterlosen Versammlung, die sich insbesondere über das Internet organisiert.[10] Auch werden immer neue Verlaufsformen gefunden, von der Love Parade bis zu den Chaos-Tagen. Das Bemühen zielt meist darauf, die Straßenöffentlichkeit zum Teil einer gesellschaftlichen Öffentlichkeit werden zu lassen. Die Akteure merken schnell, dass sie ihr Anliegen am besten oder gar nur in die Öffentlichkeit wirksam transportieren können, wenn sie die Aufmerksamkeitsschwelle der Massenmedien überschreiten. Insofern kommt es vielfach zu einem Zusammenwirken von Akteuren der Versammlungsfreiheit und der Medienfreiheit.

VIII. *Grundrechtlicher Freiheitsschutz als Eilrechtsschutz*

Dies gilt auch heute weiterhin, in einer Zeit, in der vor allem rechtsradikale Demonstrationen die öffentliche Aufmerksamkeit suchen und finden. Dementsprechend gibt es eine Vielzahl von behördlichen und gerichtlichen Verfahren, in denen Versammlungsverbote oder restriktive Auflagen ausgesprochen wurden. Auch das Bundesverfassungsgericht musste sich in der Vergangenheit vielfach mit Versammlungen beschäftigen[11], konnte dies allerdings meist nur im Verfahren einstweiligen Rechtsschutzes tun: Versammlungen sind meist auf bestimmte Zeitpunkte fixiert und behördliche Verbote oder Auflagen pflegen meist erst sehr kurz vor der geplanten Durchführung zu ergehen, so dass den Betroffenen, wenn sie Rechtsschutz in Anspruch nehmen wollen, nur der Weg bleibt, zunächst vor den Verwaltungsgerichten und anschließend vor dem Bundesverfassungsgericht Eilrechtsschutz zu beantragen. Gerichtlicher Freiheitsschutz ist in diesem Feld weitgehend Eilrechtsschutz. Auch wenn in einzelnen Fällen später Entscheidungen in der Hauptsache selbst fallen – dies setzt ein fortbestehendes Rechtsschutzinteresse voraus[12] –, kommen sie für die jeweils konkret durchgeführte Versammlung zu spät, können aber durchaus Orientierungen für die Reichweite des Versammlungsrechts in zukünftigen Konflikten geben.

Auffällig an der verfassungsgerichtlichen Praxis ist, dass die Zahl der erfolgreichen Anträge auf verfassungsgerichtlichen Rechtsschutz prozentual sehr hoch ist: Wäh-

9 Vgl. etwa die Hinweise bei *Hoffmann-Riem*, in: Denninger/Hoffmann-Riem/Schneider/Stein, Kommentar zum Grundgesetz für die Bundesrepublik Deutschland, 3. Aufl. 2001, Rn. 6 ff. zu Art. 8; *Linnemeyer*, Techno-Paraden, Scater-Läufe, Chaos-Tage – Neue Handlungsformen im Schutzbereich der Versammlungsfreiheit?, 2003, S. 99 ff.

10 Das in Bayern eingeführte Verbot leiterloser Versammlungen (s. Art. 3 Abs. 1 des Bayerischen Versammlungsgesetzes vom 22. Juli 2008.

11 Vgl. etwa die Berichte von *Hoffmann-Riem*, Neuere Rechtsprechung des BVerfG zum Versammlungsfreiheit, NJW 2002, 257 ff.; *Kniesel/Poscher,* Die Entwicklung des Versammlungsrechts 2000-2003, NJW 2004, 422 ff.

12 Allerdings dürfen daran nicht in restriktiver Absicht zu strikte Anforderungen gestellt werden, s. BVerfGE 110, 77, 89 ff.

rend Verfassungsbeschwerden der Bürger vor dem Bundesverfassungsgericht üblicherweise im Schnitt nur in etwa 2,5 % der Fälle erfolgreich sind, waren entsprechende Bürgeranträge in versammlungsrechtlichen Streitigkeiten seit Beginn des Jahres 2000 in gut 20 % der Fälle erfolgreich. An der hohen Erfolgsquote zeigt sich, dass die Behörden und Verwaltungsgerichte den Rechtsschutz der Versammlungsfreiheit offenbar nicht gleich weit zogen wie das Verfassungsgericht.

IX. *Politische Neutralität bei der Gewährleistung der Versammlungsfreiheit*

Soweit versammlungsrechtliche Verfahren zu den Gerichten unter Einschluss des Bundesverfassungsgerichts kommen, können die Richter sich nicht aussuchen, wem der Grundrechtsschutz zugute kommt. Sie müssen die Anträge ohne Ansehen der Person und ohne Rücksichtnahme auf eigene politische Präferenzen gewähren. Zurzeit muss der Schutz des Grundrechts der Versammlung weiter vielfach (wenn auch nicht nur) auf solche Personen erstreckt werden, deren politische Auffassungen den Richtern und der Mehrheit der Bevölkerung von Grund auf falsch und vorgestrig erscheinen.

Die in Deutschland in letzter Zeit beobachtbare wachsende Zustimmung in der Bevölkerung für Neonazis, aktuelle Gewalttaten von Personen aus dieser Szene gegen Gedenkstätten und andersfarbige Mitbürger, die Verhöhnung von Juden, das alles erweckt schreckliche Erinnerungen an zwölf Jahre totalitärer Herrschaft: Rassenwahn, Verachtung menschlichen Lebens als unwert, Ermordung vieler Millionen Juden, Roma und Sinti, Kommunisten, Homosexuelle. Das alles geschah seinerzeit zum Teil auch im Namen des Rechts. Das Grundrecht der Versammlungsfreiheit spielte in der Nazidiktatur allerdings keine Rolle. Es wurde suspendiert. Versammlungen wurden in der Realität zu einem Mittel staatlicher Propaganda und kritikloser Massenbegeisterung.

Dieser Hintergrund muss den Richtern bewusst sein, wenn sie heute über Versammlungen von Neonazis zu entscheiden haben. Dieses Wissen macht es nicht leicht, den Schutz des Grundrechts dennoch denen nicht von vornherein zu verweigern, die die Erinnerung an all das wieder wach rufen.

Wenn es darum geht, die Reichweite des Schutzes durch das Grundrecht der Versammlungsfreiheit zu bestimmen[13], darf aber nicht nur auf die Erscheinungsform neonazistischer und rechtsextremistischer Versammlungen gesehen werden. Wer mit dem Ziel, solche Versammlungen möglichst zu unterbinden, den Grundrechtsschutz zurücknähme oder gar aushöhlte – in der politisch gut verständlichen Absicht, die

13 Zur – durchaus kontroversen – Diskussion um die Versammlungsfreiheit für Rechtsextremisten s. insbesondere *Bull*, Grenzen des grundrechtlichen Schutzes für rechtsextremistische Demonstrationen, 2000; *Bertrams*, Demonstrationsfreiheit für Neonazis?, FS für Claus Arndt, 2002, S. 19 ff.; *Leist*, Versammlungsrecht und Rechtsextremismus, 2003; *Dörr*, Keine Versammlungsfreiheit für Neonazis?, VerwArch 93 (2002), 485 ff.; *Rühl*, »Öffentliche Ordnung« als sonderrechtlicher Verbotstatbestand gegen Neonazis im Versammlungsrecht?, NVwZ 2003, 531 ff.; *Hoffmann-Riem*, Demonstrationsfreiheit auch für Rechtsextremisten?, NJW 2004, 2777 ff.

politische Rechte zu bekämpfen –, der höhlte ihn letztlich auch für andere, etwa für politisch Linke, aus. Er entwertete das Grundrecht auch als Mittel zur Durchsetzung aller möglichen Anliegen, also auch von Anliegen, die nicht in das Schema von rechts oder links passen. Wer die rechtsstaatlichen Anforderungen beispielsweise an die Begründung eines Versammlungsverbots nicht so ernst wie sonst nimmt, weil das Ergebnis politisch Beifall findet, oder wer sie nach persönlicher politischer Einschätzung konkretisiert, gefährdet ein Freiheitsrecht als lebendes, als praktiziertes Recht. Auf die Versammlungsfreiheit als ein wesentliches Element des demokratischen Rechtsstaats können sich Machtträger wie Machtarme berufen und sie steht grundsätzlich allen zu, einerlei, welche politische Überzeugung sie haben.

X. *Ein biografischer Exkurs*

Dies sind abstrakte Aussagen. Ich möchte im Folgenden zunächst die Rolle als (ehemaliger) Verfassungsrichter und als Wissenschaftler verlassen und mir eine biografische Einfügung erlauben. Gerade im Bereich eines Grundrechts wie dem der Versammlungsfreiheit ist eigenes Erleben im Umgang mit Freiheitsrechten gelegentlich wichtig als Anschauungsfeld. Erfahrungen können die – im konkreten Fall: die liberale – Grundrechtsposition als »richtig« bestärken, die modernen Verfassungen zugrunde liegt. Sie haben auch die Richter des Bundesverfassungsgerichts – in meiner Zeit als Richter also auch ich – bei ihren Entscheidungen beachtet. Blicken wir also ein wenig in die Zeit zurück, als ich persönlich zum ersten Mal mit diesem Grundrecht praktisch konfrontiert wurde.[14]

1964 erhielt ich ein USA-Stipendium mit freier Wahl der Universität. Ich entschied mich für die University of California, nämlich den Campus Berkeley. Auf diesem Campus begann schon bald nach meiner Ankunft der Aufruhr. Einige Studenten hatten einen Büchertisch aufstellen wollen und die Regents der Universität – gewissermaßen der Hochschulrat – verboten dies. Es kam zu Solidarisierungen und sit ins. Die Polizei erschien und eines Tages verhaftete sie fast 800 Studenten. Die Solidarität wuchs.[15] Mario Savio und Arthur Goldberg wurden zu Helden des Aufstands – so wie etwa Rudi Dutschke später in Deutschland. Bob Dylan und Joan Baez saßen unter den Streikenden und sangen zur Gitarre. Das free speech-movement – wie der Protest schnell hieß – weitete sich aus und gebar einen Ableger: das free sex-movement mit Zentrum in Sausalito und dem Start der Hippie-Bewegung. Der Protest fand bald wieder neue Gegenstände und Formen: Er mutierte zur Anti-Vietnamkriegs-Bewegung und zu machtvollen Demonstrationen gegen Präsident Johnson. Das alles in knapp einem Jahr!

14 Die folgernden Ausführungen greifen zum Teil auf einen Vortrag zurück, den ich im Jahre 2007 vor Studierenden der Universität Münster gehalten habe und der in der Studentenzeitschrift Ad legendum/ 2007, S. 217 ff. dokumentiert ist.

15 Als aktueller Rückblick vgl. statt vieler *Snap*, »It changed my life«. The Legacy of Free Speech Movement, California Monthly, November 2004, p. 29 ff.

Die Solidarisierung und Aktivierung war ein Lehrstück in direkter Demokratie. Die etablierte Macht wurde in Frage gestellt und ihre Träger reagierten unproportioniert. Es waren die Tage der Demagogen, aber auch die des Gemeinschaftsgefühls, begleitet durch den Gesang von Joan Baez, und es waren Tage des neuen Gefühls von Macht durch Worte, aber auch durch kollektive Aktion.

Als ich 1965 wieder die USA verließ, trat die Studentenbewegung ihren Siegeszug um den Globus an. Deutschland erreichte sie 1967 und 1968. Schon zu Beginn hatte es in Berlin das Intermezzo der Prügel-Perser gegeben. So wurden Mitarbeiter des Geheimdienstes des Schahs von Persien genannt, die deutsche Protestierer gegen den Schah-Besuch niederknüppelten.

Die Zeiten in Deutschland wurden bewegter. In Hamburg – ich war Referendar und wissenschaftliche Hilfskraft an der dortigen Universität – kam es zu heftigen Demonstrationen gegen den Verleger Axel Springer und seine vorherrschende Macht im Pressebereich. Es kam zu Blockaden der Zeitungsauslieferung. Mehrere Demonstranten wurden verhaftet und später verurteilt – zu mindestens drei Monaten Freiheitsstrafe ohne Bewährung. Ein Student der Kunsthochschule – ein an sich gänzlich unpolitischer Mann, der aber als Intellektueller die Kampagne gegen die Pressekonzentration unterstützte und an der Blockade mitgewirkt hatte – bat mich, ihn zu verteidigen. Das war, weil ich weder Hochschullehrer noch Rechtsanwalt war, nicht einfach: Ich war Referendar und befand mich damit noch in der juristischen Ausbildung. Gleichwohl akzeptierte das Gericht meine Rolle als Verteidiger.

Jetzt kam ein Aha-Erlebnis. Während ich einmal bei meinem Referendarausbilder zur Besprechung eines Votums war, erreichte ihn ein Anruf. Es meldete sich ein Vertreter des Verfassungsschutzes, der sich nach einem Referendar namens Hoffmann – so hieß ich damals noch – erkundigte und mehr über dessen politische Einstellung wissen wollte. Ich war seinerzeit politisch völlig inaktiv. Eine einzelne Prozessvertretung, und schon war ich im Visier des Verfassungsschutzes!

Hier habe ich zum ersten Mal aus eigener Anschauung gelernt, dass rechtsstaatliches Engagement – Hilfe bei der Rechtsverteidigung – auch in einem Rechtsstaat nichts Selbstverständliches ist, sondern Argwohn auslösen kann. Ich habe mich damals gefragt, ob das seinerzeit auch in Berkeley so war? Die McCarthy-Zeit war 1964 zwar vorbei, aber in manchem lebt die Grundhaltung bis heute fort – nicht nur in den USA. Natürlich war der Anruf eines Verfassungsschützers nichts Verbotenes. Aber warum die Frage bei einem Ausbilder? Ich deutete dies als Anschwärzung. Heute sehe ich das gelassener, hätte aber meine stille Freude, wenn der Anrufer von damals jetzt erführe, dass der seinerzeitige Referendar später Richter des Bundesverfassungsgerichts wurde, und zwar als Berichterstatter für alle Fragen der Versammlungsfreiheit und des Datenschutzes.

Für mich war 1964 der Auftakt für mein gesteigertes Interesse an den politischen Grundrechten und dies auch mit Blick auf andere Rechtsordnungen. In der Folgezeit, insbesondere während der Studentenbewegung, habe ich erlebt, wie wichtig der Schutz durch ein Freiheitsrecht ist, wenn in einem kontroversen Feld für Themen geworben und für gesellschaftlichen Wandel demonstriert wird.

XI. *Versammlungsfreiheit insbesondere als Freiheit für Machtarme*

Grund- und Menschenrechte sind meist weniger für diejenigen wichtig, die Macht genug besitzen, um ihre eigenen Interessen in jedem Fall durchzusetzen. Besonders wichtig sind grundrechtliche Garantien für die Nicht-Etablierten, insbesondere für Vertreter von Minderheiten.[16] Die Art, wie man diese behandelt, sagt viel über die Qualität einer Rechts- und Staatsordnung.

Die Vereinigten Staaten mit ihrer viel längeren Tradition von Freiheitsrechten als Deutschland verfügen auch über eine längere Geschichte des freiheitsrechtlichen Umgangs mit Minderheiten. Eine solche Geschichte ist in wohl keinem Land der Welt eine Ruhmesgeschichte, auch in den USA nicht. So waren Veranstaltungen – insbesondere Versammlungen – der Heilsarmee, der Zeugen Jehovas, der Gewerkschaften oder der sozialistischen Partei in den USA jahrzehntelang Objekt von Diskriminierung[17], später auch die Aktionen der Bürgerrechtsbewegung. Gleichzeitig ist bemerkenswert, wie wenig sich manche Gruppierungen davon haben einschüchtern lassen. Dies kann in den USA auch daran studiert werden, dass immer neue Versammlungsformen entdeckt wurden. Picketing – das Auf- und Abgehen mit Protestplakaten vor bestreikten Betrieben –, Sit-Ins als symbolischer Protest gegen Rassentrennung oder Teach-Ins sowie Bürgerrechtsmärsche sind solche Erfindungen, die weltweit seit den sechziger Jahren Nachahmer gefunden haben.

Vielen Demonstrationen gelingt es zwar nicht, viel mehr als die eigene Identität und das Zusammengehörigkeitsgefühl der Demonstranten anzusprechen, ohne dass sie es schaffen, die Öffentlichkeit für ihr Anliegen zu interessieren. Dass Demonstrationen aber von der »großen Politik« nicht stets negiert werden können, haben in den USA z. B. die Anti-Vietnamkriegs-Bewegung und in Deutschland etwa die Leipziger Montagsdemos vor dem Fall der Mauer gezeigt, ebenso die orange Revolution in der Ukraine oder – in Grenzen – im Jahre 2005 die Proteste in den französischen banlieues gegen die Änderungen des Kündigungsschutzes für Berufsanfänger. Von einer Position der Machtarmut aus kann gelegentlich auch Machtstärke gewonnen werden.

XII. *Vertrauen in Pluralismus*

Das Grundrecht ist bewusst blind gegenüber dem Inhalt der Demonstration. Hier zeigt sich seine Bezugnahme auf die Wesensbedingungen einer pluralen Demokratie. Die öffentliche Auseinandersetzung soll allen Sichtweisen Äußerungschancen geben und zugleich mit dazu beitragen, Sinnvolles vom Unsinnigen, Abseitiges vom Wichtigen und Skurriles von Dingen mit zentralem Gemeinwohlbezug zu trennen. Gerade die –

16 Vgl. BVerfGE 111, 147 (156).
17 Vgl. etwa *Abernathy,* The Right of Assembly and Association, 2nd. ed. 1981.

sehr idealistische – Metapher vom Market Place of Ideas spielt auf diese Such- und Filterfunktion an und will eines mit Nachdruck verhindert wissen: dass eine Instanz, etwa die Regierung oder ihre Polizei oder ein Gericht, paternalistisch vorgibt, was als wahr und sinnvoll gelten soll. Der mögliche Irrtum gehört zur Demokratie. Aber sie kennt Verfahren, um das politisch und rechtlich konstruieren zu helfen, was unter den Bedingungen des Pluralismus als Gemeinwohl gelten soll.

Das Vertrauen in eine solche Vorgehensweise ist in den USA in vielem tiefer verankert als in Deutschland. So erfasst der amerikanische Schutz der Meinungs- und Versammlungsfreiheit auch extremistische Inhalte – etwa auch die Propaganda von Nazis.[18] Dementsprechend gibt es in der amerikanischen Verfassungsrechtspraxis kein Pendant zu den Versuchen einzelner deutscher Gerichte[19], den Begriff der öffentlichen Ordnung oder des öffentlichen Friedens so aufzuladen, dass politisch extreme – insbesondere neonazistische – Inhalte aus dem Schutz des Grundrechts herausfallen. Solchen Versuchen hat sich allerdings auch das Bundesverfassungsgericht stets verweigert, soweit die Grenze des Strafbaren bei der Versammlung nicht überschritten war.[20] Volksverhetzungen, die Verwendung von Kennzeichen verfassungswidriger Organisationen oder die Verunglimpfung des Staates und seiner Symbole sind unter Strafe gestellt und deshalb auch im Rahmen von Versammlungen nicht tolerabel. Jenseits des Strafbaren aber befindet sich der Bereich, den eine Demokratie hinnehmen muss, selbst wenn die geäußerten Inhalte geschmacklos oder provokant sind. Das was nicht mehr tolerierbar ist, muss der Gesetzgeber in seinen Gesetzen, insbesondere den Strafgesetzen, markieren. Nicht etwa kann die Reichweite des Schutzes davon abhängig sein, ob die geäußerten Meinungen mit Mehrheitsauffassungen übereinstimmen oder ob ein Teil oder gar ein Großteil der Bürger solche Auffassungen nicht tolerieren will.

Das Bundesverfassungsgericht hat die Grenze des Tolerierbaren aus den verfassungsrechtlichen Normen zum Schutz der freiheitlichen demokratischen Grundordnung abgeleitet, denen es eine Sperrwirkung entnimmt: Auf den dort vorgezeichneten, von mir schon (VI) erwähnten Wegen sowie insbesondere durch Strafrecht schützt die Demokratie sich mit dem Mittel des Rechts vor ihren Feinden. Ich betone aber noch einmal, dass die Idee der streitbaren Demokratie keine allgemeine Auslegungsmaxime, keine verselbständigte Rechtsregel ist, aus der grundrechtsverkürzende Rechtsfolgen abgeleitet werden können. Sie stellt die pluralistische Ordnung nicht in Frage. Über die ausdrücklichen Vorkehrungen im Grundgesetz hinaus ist der Schutz den Bürgern selbst anvertraut, also insbesondere dem demokratischen Engagement der Bürger mit ihren je unterschiedlichen Auffassungen. Das Bundesverfassungsgericht hat diese Haltung in den folgenden Sätzen formuliert:

18 Vgl. Skokie v. Nationalist Party of America, 366 N. E. 2d. 347 (1977) sowie 373 N. E. 2d. 21 (1978); Collin v. Smith, 578 F. 2d. 1197 (7th Cir. 1978), Cert. denied, Smith v. Collin, 436 U.S. 953 (1978). Es ging um Nazi-Märsche und Nazi-Propaganda in jüdischen Wohngebieten.

19 Besonders aktiv war insoweit das OVG Münster, dessen Entscheidungen häufig vom BVerfG korrigiert wurden, s. etwa BVerfG NJW 2001, 2075; Beck RS 2001, 30174818; NJW 2001, 2076; NVwZ 2002, 982; NVwZ-RR 2002, 500; NVwZ 2006, 586 sowie BVerfGE 111, 147.

20 S. dazu BVerfGE 111, 147, insbesondere 157 f.

»Das Grundgesetz baut zwar auf der Erwartung auf, dass die Bürger die allgemeinen Werte der Verfassung akzeptieren und verwirklichen, erzwingt die Werteloyalität aber nicht. Die Bürger sind daher auch frei, grundlegende Wertungen der Verfassung in Frage zu stellen, solange sie dadurch Rechtsgüter anderer nicht gefährden. Die plurale Demokratie des Grundgesetzes vertraut auf die Fähigkeit der Gesamtheit der Bürger, sich mit Kritik an der Verfassung auseinander zu setzen und sie dadurch abzuwehren.«[21]

XIII. *»Kosten« der Medienaufmerksamkeit*

Wenn ein Teil der Bürger sich von einer solchen Grundhaltung nicht beeindrucken lässt und etwa ihre Lebenssituation und das Gefühl gesellschaftlicher Exklusion durch den Glauben an das Versprechen rechtsradikaler Parteien oder Kameradschaften von einem neuen Gemeinschaftsgefühl zu überwinden sucht, dann deutet dies auf Ursachen gesellschaftlichen Versagens, die allein mit den Mitteln des Rechts oder gar mit repressiv eingesetztem Recht nicht beseitigt werden können. Ich persönlich meine auch nicht, dass es politisch klug ist, die Demonstranten durch Repression zu Märtyrern zu machen oder ihre Demonstrationen – wie in Deutschland zur Zeit bei vielen Neonazi-Demonstrationen – durch (zum Teil sogar gewalttätige) Gegendemonstrationen öffentlich aufzuwerten. Auch bezweifle ich, dass es klug ist, wenn sich – wie es gelegentlich vorkommt – hoheitliche Machtträger – etwa Oberbürgermeister – an Obstruktionen der Durchführbarkeit von Neonazi-Demonstrationen selbst dann beteiligen, wenn dies in die Nähe oder jenseits von Rechtsbruch führt.[22] Die durch aufmerksamkeitserregende Gegendemonstrationen oder sonstige Gegenaktivitäten entstehende Medienaufmerksamkeit facht zugleich die Aufmerksamkeit für die – zahlenmäßig und argumentativ häufig kümmerlichen – Ausgangsdemonstranten an. Es scheint so, als hätten die ewig gestrigen Rechten inzwischen gelernt, damit zu spielen, d. h. ihre relative Bedeutungslosigkeit mit vom Protest entliehener Bedeutung zu kaschieren.

Gerade in Zeiten der Mediendemokratie werden Demonstrationen als Weg genutzt, um Zugang zu diesen Medien auch für diejenigen zu eröffnen, denen er sonst versperrt bliebe. Das gilt selbstverständlich nicht nur für Rechtsextremisten, sondern auch für Linke, für Globalisierungsgegner oder für Tierschützer. Der Preis dieses Ringens um öffentliche Aufmerksamkeit, also eines der knappsten Güter überhaupt, ist manchmal hoch. Medien berichten nämlich nicht über das alltägliche Geschehen und erst recht nicht über alles, was einzelne Gruppierungen der Öffentlichkeit vermitteln wollen. Medien suchen das Außergewöhnliche, das Skandalöse, den Tabubruch, den gut visualisierbaren Konflikt, etwa gewalttätige Auseinandersetzungen zwischen Demonstranten und Polizei. Also besteht eine Versuchung, diese Präferenzen der

21 BVerfG, NJW 2001, 2069 f.

22 Vgl. etwa den Bericht von *Denso,* Haben Rechte Rechte? Die Kölner verhindern eine fremdenfeindliche, aber legale Demonstration, Die Zeit vom 25.9.2008.

Medien zu befriedigen – mit der Folge der Eskalation der zur Aufmerksamkeitserregung eingesetzten Mittel.

XIV. *Schutz nur friedlicher Versammlungen*

Allerdings: Nur die friedliche Versammlung genießt in Deutschland verfassungsrechtlichen Schutz. Der Schutz der Versammlungsfreiheit entfällt nach Art. 8 Grundgesetz, wenn die Versammlung Rechte anderer in einer Weise beeinträchtigt, die als »unfriedlich« einzuordnen ist. Die unfriedliche Versammlung genießt überhaupt keinen Grundrechtsschutz, sie fällt völlig aus dem Schutzbereich heraus.

Bei der Betrachtung der Realität von Demonstrationen muss allerdings zur Kenntnis genommen werden, dass die Teilnehmer von Neonazi-Demonstrationen bis auf wenige Ausnahmen in den von ihnen veranstalteten Versammlungen nicht von sich aus zu Gewalt schreiten, sich also nicht selbst unfriedlich verhalten. Soweit die Teilnehmer dennoch Gewalt anwenden, geschieht dies fast immer nur als Reaktion auf den Gewalteinsatz linker Gegendemonstranten, die sich häufig zunächst im Schutz einer offiziellen Gegendemonstration zu verbergen suchen. Dabei ist mir bekannt, dass Neonazis für viele Gewalttaten gegen einzelne Bürger verantwortlich sind. Neonazis haben aber gelernt, ihre eigenen Versammlungen jedenfalls zunächst davon frei zu halten, also die rechtliche Friedlichkeitsgrenze nicht zu überschreiten. Das mag Taktik und Kalkül sein, ist aber dennoch ein rechtserhebliches Fakt.

XV. *Schranken der Versammlungsfreiheit*

So viel zur Gewaltproblematik. Aber auch die friedliche Versammlung kennt Grenzen. Art. 8 Grundgesetz sagt nämlich, die Versammlungsfreiheit kann beschränkt werden.

Dabei ist zwischen dem Schutz des Inhalts der Meinungsäußerung und der Art und Weise der Durchführung einer Versammlung zu unterscheiden.[23] Der Inhaltsschutz erfolgt ausschließlich über Art. 5 Grundgesetz – dem Grundrecht der Meinungsfreiheit. Die Norm verweist in seinem Absatz 2 auf die Schranken der allgemeinen Gesetze, Schranken also, die vom Gesetzgeber zum Schutz von Rechtsgütern vorgesehen sind, die in der Rechtsordnung unabhängig davon geschützt sind, ob sie durch Meinungsäußerungen oder auf andere Weise verletzt werden. Bei der Anwendung der allgemeinen Gesetze ist die Ausstrahlungswirkung der Meinungsfreiheit zu berücksichtigen.[24] Soweit es sich um Äußerungen in öffentlichen Angelegenheiten handelt,

23 Vgl. BVerfGE 111, 147, 154 ff.
24 Vgl. zur Definition des »allgemeinen Gesetzes« BVerfGE 117, 244, 260.

kommt bei der Abwägung die Vermutung für die Freiheit der Rede als Schutzargument hinzu.[25]

Der Schutz der Meinungsfreiheit kommt ungeschmälert auch den Veranstaltern und Teilnehmern von Versammlungen zugute. Das Grundrecht der Versammlungsfreiheit schützt die Durchführung von Versammlungen, ermöglicht allerdings nicht Rechtsgutverletzungen, die außerhalb von Versammlungen unterbunden werden dürfen. Die in § 15 Abs. 1 Versammlungsgesetz enthaltene Ermächtigung zur Gefahrenabwehr darf allerdings nicht zu einer Ausweitung der in der Rechtsordnung enthaltenen Schranken des Inhalts von Meinungsäußerungen führen. Nicht ausgeschlossen ist demgegenüber die Abwehr von Gefahren, die aus der Art und Weise der Durchführung der Versammlung folgen.[26]

Das deutsche Recht kennt für Versammlungen unter freiem Himmel eine Anmeldepflicht mit Untersagungsvorbehalt (§ 15 Versammlungsgesetz). Es geht darum, den Behörden zu ermöglichen, sich auf mögliche Rechtsgutgefährdungen rechtzeitig einzustellen und sie gegebenenfalls durch beschränkende Auflagen oder Verbote gar nicht entstehen zu lassen.

Nicht unproblematisch ist allerdings die in Deutschland in den letzten Jahren entwickelte Praxis, den Versammlungen eine Vielzahl von so genannten Auflagen[27] mit auf den Weg zu geben – bei den typischen Neo-Nazidemonstrationen sind Auflagen in zweistelliger Zahl nicht unüblich. Dies sind etwa Vorgaben zur Aufmachung der Teilnehmer, zur Art und Zahl der mitzuführenden Fahnen – etwa nur die Bundesflagge und die Flaggen der Bundesländer –, zur Zahl und Art der Transparente, zur Auswahl der Redner, ja sogar zur vorherigen Übermittlung und Prüfung des Redeinhalts – eine Maßnahme, die jedenfalls dann in der Nähe des Zensurverbots (Art. 5 Abs. 1 Satz 3 Grundgesetz) angesiedelt ist, wenn es keinen konkreten gefahrenbedingenden Anlass gibt. Eine Überprüfung solcher Auflagen durch das Bundesverfassungsgericht steht noch aus, das die Auflagen bisher allerdings im Zuge des einstweiligen Rechtschutzes meist nicht beanstandet hat, soweit die Durchführbarkeit der Versammlung als solche nicht an den Auflagen scheiterte. Es hat dann in den Auflagen keinen schweren Nachteil für das gemeine Wohl gesehen, der gemäß § 32 des Gesetzes über das Bundesverfassungsgericht allein einstweiligen Rechtsschutz vor dem Bundesverfassungsgericht rechtfertigt. Das Gericht hat aber meist ausdrücklich angemerkt, dass die Überprüfung der Verfassungsmäßigkeit solcher Auflagen in Hauptsacheverfahren noch aussteht.[28] Dies deutet auf Zweifel an der Verfassungsmäßigkeit einzelner dieser Auflagen.

Auflagen gegen Versammlungen können auch ausgesprochen werden, wenn eine Gefahr für die öffentliche Ordnung besteht. Diese Gefahr kann gegebenenfalls auch durch die besonderen Umstände einer Meinungskundgabe, etwa die Art des Auftretens der Versammlungsteilnehmer, ausgelöst werden. Dies kann der Fall sein, wenn

25 Dazu vgl. BVerfGE 7, 198 (212); 60, 234 (241); 66, 116 (150); 93, 266 (294). Diese Rechtsprechung ist offensichtlich durch die amerikanische Rechtsprechung beeinflusst, etwa die Entscheidung New York Times v. Sullivan, 376 U.S. 254 (1964).

26 BVerfGE 111, 147 (156 f.).

27 Dazu vgl. etwa *Leist* (o. Fn. 13), S. 271 ff.

28 Vgl. etwa BVerfG NVwZ 2002, 983 m.w.Hinw.

aufgrund provokativer oder sonst wie aggressiver Vorgehensweisen ein Einschüchterungseffekt sowie ein Klima der Gewaltdemonstration und potenzieller Gewaltbereitschaft erzeugt wird.[29] Dementsprechend schützt Art. 8 Grundgesetz nicht Aufmärsche mit einschüchternden Begleitumständen, etwa aufgrund ihres paramilitärischen Charakters oder ihrer Prägung durch die an frühere Einschüchterungsakte anknüpfenden, entsprechend provozierenden Symbole von Nazi-Aufmärschen. Dazu trägt aber nicht schon jedes Symbol bei, das als neonazistische Meinungskundgabe zu werten ist. Wohl aber kann das Zusammenwirken unterschiedlicher Symbole durchaus zu einer solchen Qualität von Aufmärschen führen. Fehlt es aber an solchen Begleiterscheinungen der Art und Weise der Durchführung der Demonstration, darf in der Äußerung politisch kontroverser, also auch neonazistischer, Inhalte allein kein Verstoß gegen die öffentliche Ordnung gesehen werden.

XVI. *Versammlungen als Chancen für sozialen Wandel und damit auch für politische Stabilität*

Eine Kernfrage des Grundrechtsschutzes lautet: Wie kontrovers dürfen öffentliche Auseinandersetzungen sein? Der Supreme Court hat in einer Entscheidung aus dem Jahr 1949 eine besonders rigorose Antwort gegeben:

> »A function of free speech under our system of government is to invite dispute. It may indeed best serve its high purpose when it induces a condition of unrest, creates dissatisfaction with conditions as they are, or even stirs people to anger. Speech is often provocative and challenging.«[30]

Diese Sichtweise mag überzeichnet sein, greift aber im Kern darauf zurück, dass die Funktion der freien Rede in der Ermöglichung von Kontroversen und gegebenenfalls der Provokation von Widerspruch besteht. Sie hat etwas mit gelebter Demokratie zu tun. Dass Neonazis sich im Windschatten dieser wichtigen Freiheitsgarantie ducken können, darf den Blick darauf nicht versperren, dass das Grundrecht die Offenheit des politischen Prozesses für alle sichern will.

Diese Grundidee ist für eine Demokratie in doppeltem Sinne wichtig, als möglicher Anstoß für Veränderungen, aber auch als Mittel zur Sicherung von politischer Stabilität angesichts von widersprüchlichen Interessen, unterschiedlichen Werten und segmentierten Lebenswelten, wie sie moderne Demokratien kennzeichnen. Versammlungen suchen eine Chance, auf andere zu wirken und Verhalten zu verändern; Erfolg haben sie dabei aber nur in besonderen historischen Situationen. In anderen Fällen mögen sie politischen Protest lediglich kanalisieren und ihm ein Ventil geben. Schon die Möglichkeit der Bürger, die Heterogenität und Pluralität von Interessen und Werten darzustellen und dadurch auch Wesensbedingungen einer multikulturell geprägten

29 BVerfGE 111, 147 (157).
30 Cantwell v. Connecticut, 337 U.S. 1, 4 (1949).

Gesellschaft einzufangen, dürfte schon für sich eine wichtige Funktion der Versammlungsfreiheit sein. Versammlungen sind aber auch ein Frühwarnsystem zur Erfassung des gesellschaftlichen Potenzials an Unzufriedenheit und sie können als Katalysator für Neues wirken. Sie können aber – wie etwa die damaligen Studentenproteste in Berkeley – auch ein Indikator für einen beginnenden Wertewandel sein, etwa für Veränderungen im Lebensgefühl und in den Befindlichkeiten mancher Bevölkerungskreise. Diese und ähnliche Funktionen kann eine Demokratie in ihren formalisierten Verfahren nicht in gleicher Weise leisten. Selbst die Medien werden häufig erst aufmerksam, wenn das Ändernde sich zur kollektiven Aktion formiert. Versammlungen können allerdings auch Inhalte verbreiten, die auf ein Zurück zur Vergangenheit zielen. Dem Staat steht es gleichwohl nicht zu, insofern »Zensor« zu sein.

Denn eine freiheitliche Demokratie verträgt keine Macht zur verbindlichen Definition, welche Erfahrungen, Befindlichkeiten oder Werthaltungen letztlich gut und welche schlecht sind. Sie muss daher vieles Absurde, Vorgestrige und Abgedrehte hinnehmen, soweit die Rechte anderer dadurch nicht leiden. Eine Rechtsgutverletzung liegt auch nicht schon dann vor, wenn Bürger sich durch radikale Auffassungen in ihren Befindlichkeiten gestört fühlen. In Deutschland und in den USA ist die Demokratie so stark, dass sie sich leisten kann und leistet, sogar denen rechtsstaatlichen Schutz zu versprechen und zu geben, die ihre Grundwerte bekämpfen.

Das Grunddilemma hat der Journalist Heribert Prantl in einem Leitartikel der Süddeutschen Zeitung wie folgt formuliert:

> »Wer die Grundrechte verteidigt, gilt im Jargon der Neonazis als ein 'liberaler Scheißer'. Als ganz besonders liberaler Scheißer gilt den Rechtsextremisten derjenige, der sich sogar noch dafür einsetzt, dass auch sie demonstrieren dürfen. Die Neonazis beklagen sich einerseits über die berechtigten Beschränkungen, die ihren Versammlungen auferlegt werden – sie schütten aber zugleich Hohn und Spott auf den Staat, der auch noch seinen Gegnern Rechte gewährt; und versichern feixend, dass sie das in ihrem System nicht machen würden. Darauf gibt es nur die trockene Antwort: Das ist eben der Unterschied zwischen der Demokratie und einem totalitären System.«

Durch eine solche Grundhaltung ist eine freiheitliche Demokratie stärker als solche Rechtsordnungen, die das von ihren Machthabern behauptete Wissen um eine einzigartige Richtigkeit zur Grundlage von Repressionen anders Denkender wählen. Eine solche repressive Ordnung prägte beispielsweise Ungarn, als es zum Volksaufstand kam, der allerdings durch die sowjetische Besatzungsmacht gewalttätig unterdrückt wurde. Es gibt aber auch Beispiele dafür, dass repressive Ordnungen sich durch massenhaften Protest irritieren lassen, so etwa durch Massen, die sich durch orange Tücher als Anhänger einer Gegenbewegung verstehen – wie seinerzeit in der Ukraine – oder die Lichterketten organisieren – wie in der Endzeit der Deutschen Demokratischen Republik: die Machthaber können sich dadurch so irritieren lassen, dass die fraglich gewordenen Fundamente der Macht endgültig einbrechen. Demokratische Ordnungen kalkulieren demgegenüber die mögliche Irritation ein und richten ihre politischen Institutionen tunlichst so ein, dass sie die Botschaft von Protest aufnehmen können – habe er nun das liebliche Gesicht der Flower Power oder den verzwei-

felten Ausdruck der Protestierer gegen den Vietnam- oder den Irak-Krieg. Die freiheitliche Demokratie hat viele Chancen, die Signale richtig zu deuten.
Sie muss sich aber auch gönnen, die Signale wahrzunehmen. Das setzt die Bereitschaft zu offenen Kontroversen voraus und das demokratische Vertrauen, dadurch letztlich stärker zu werden. Die streitbare Demokratie streitet auch dafür, dass die Demokratie lebendig bleibt. Deshalb streitet sie auch für die Rechte von Minderheiten, sich mit ihrem Anliegen öffentlich Gehör zu verschaffen. Es ist auch politisch klug, solche Ventile zu belassen, statt durch Repression Märtyrer zu schaffen.